LES HYBRIDES

VOUS PENSEZ DONC QUE VOUS ÊTES HUMAIN

TANIS HELLIWELL

Autres livres de Tanis Helliwell

Le Retour des Dragons

The Leprechaun's Story: As told by Lloyd to Tanis Helliwell

Conversations avec l'esprit du corps humain

High Beings of Hawaii: encounters with mystical ancestors

Un été avec les Leprechauns

Pèlerinage avec les Leprechauns

Decoding Your Destiny: keys to humanity's spiritual transformation

Manifest Your Soul's Purpose

Embraced by Love: Poems

LES HYBRIDES

VOUS PENSEZ DONC QUE VOUS ÊTES HUMAIN

TANIS HELLIWELL

Publié par Wayshower Enterprises

© 2025 Tanis Helliwell

Tous droits réservés. La reproduction ou l'utilisation de cette œuvre sous quelque forme est interdite sans l'autorisation du détenteur des droits d'auteur.

Helliwell, Tanis, auteure

Titre original anglais: Hybrids: so you think you are human / par Tanis Helliwell.

Comprend des références bibliographiques et un index.

Traduction de l'anglais par Guylène Colpron

Conception de la couverture : Melany Hallam et Fred Hageneder

Images de couverture par Ferdiperdozniy (Fairy silhouette), Tanya Syrytsyna (Jumping blue dolphin), Khmara (Black dragon silhouette), nijin (Yurufuwa fairy tale purple), de shutterstock.com

ISBN : 978-1-987831-57-3

Publié par Wayshower Enterprises

www.tanishelliwell.com

NOTE AUX LECTEURS

Ce livre a été conçu par Tanis Helliwell et Lloyd le Leprechaun, également connu sous le nom de « Lloyd le Grand ». Tanis s'est chargée de la tâche, moins passionnante mais aussi importante, de fournir les faits sur chaque hybride décrit ici, tandis que moi, Lloyd, j'ai ajouté ma compréhension personnelle de ces êtres magnifiques. Pour parfaire le tout, de nombreux individus qui pensent être issus de ces différentes évolutions hybrides racontent leurs merveilleuses histoires (sous couvert d'anonymat, bien sûr). Nous espérons que vous apprécierez notre livre autant que nous avons pris plaisir à l'écrire.

CONTENTS

CONTENTS

INTRODUCTION DE TANIS

Par Tanis Helliwell

Il s'agit d'un livre controversé. Il sera déroutant pour certains, offensant pour d'autres, et pour plusieurs, il sera une confirmation.

Depuis quelques années, j'organise des ateliers sur le thème des hybrides humains, et de nombreux participants à ces ateliers ont eu l'impression d'avoir enfin trouvé les raisons pour lesquelles ils se sentaient si différents dans ce monde humain.

Lorsque je suis devenue psychothérapeute dans la vingtaine, je l'ai fait - je le pensais à l'époque - pour aider les humains. Au cours de ma trentaine et de ma quarantaine, il m'est apparu de plus en plus évident que tous les humains n'étaient pas tels qu'ils apparaissaient à la surface. Ils étaient différents d'une manière qui ne pouvait être expliquée par les approches psychothérapeutiques traditionnelles. Cette découverte m'a entraînée dans un voyage qui a évolué au fil des ans pour devenir le sujet de ce livre : *Les Hybrides : Vous pensez donc que vous êtes humain.*

Ma première percée dans ce nouveau monde s'est produite lorsque j'ai loué un cottage en Irlande qui était occupé par une famille de Leprechauns. Le fait que le cottage était hanté par le petit peuple était bien connu des habitants du village, mais ce fut une grande surprise pour moi, car j'avais loué le cottage sans l'avoir vu auparavant.

Le chef de la famille Leprechaun, qui utilise le pseudonyme de Lloyd, m'a beaucoup appris sur les Êtres Élémentaux- également appelés

Esprits de la nature ou Petit Peuple - et m'a demandé, si je pouvais écrire un livre sur les Êtres Élémentaux dans dix ans. C'est ce que j'ai fait avec *Un été avec les Leprechauns*, et plus tard avec un second livre intitulé *Pèlerinage avec les Leprechauns*.

Au cours de la décennie qui s'est écoulée entre la vie au cottage et la rédaction du premier livre, des personnes ayant un héritage Élémental se sont présentées à mon cabinet de thérapie, et j'ai pu les aider à accomplir leur mission dans cette vie en reconnaissant cette ascendance.

J'en suis venue à les considérer comme des "hybrides". Comme vous pouvez l'imaginer, c'était un peu difficile de me retrouver dans ce pays étranger sans aucun repère, si ce n'est mon intuition.

Avec le temps je suis devenue assez habile pour reconnaître les hybrides Élémentaux et pour savoir comment les aider. Mais soudain, d'autres personnes qui n'avaient pas un héritage Élémental mais qui n'étaient pas non plus « complètement » humaines, sont venues me voir.

Existait-il d'autres types d'hybrides ?

Cette interrogation suscitait un nouveau défi. Ce qui m'a facilité la tâche, c'est de savoir que mon acceptation des hybrides Élémentaux avait aidé plusieurs personnes. Vous pouvez vous demander comment ces personnes sont venues à moi. Ce n'est pas comme si j'avais une carte de visite qui disait :

"Spécialisée dans la psychothérapie hybride :
Venez me voir et découvrez pourquoi vous vous
sentez différent des autres humains".

J'ai été surprise que les hybrides soient devenus un thème aussi important dans ma vie, car j'ai pensé pendant de nombreuses années que mon travail dans le monde, en tant que psychothérapeute et enseignante dans des ateliers professionnels et spirituels, était d'aider les humains à développer leur conscience. Avec le recul, je réalise que l'intelligence cosmique voulait que les informations sur les hybrides soient accessibles à tous les êtres qui vivent sur Terre, et que le monde spirituel avait besoin d'un porte-parole pour transmettre ces informations.

Cette mission m'a amené au cours des vingt dernières années à donner des ateliers sur les Êtres Élémentaux et les Hybrides dans le monde entier. Après avoir écouté mes conférences, les gens m'ont vivement incitée à écrire ce livre.

Bien qu'il y ait actuellement une grande quantité d'informations disponibles sur les Anges et les Êtres Élémentaux, je pense que le moment est venu d'introduire la possibilité que tous les humains ne soient pas pleinement humains. Je dis "possibilité" parce que je veux que vous décidiez par vous-même de la vérité.

Je tiens également à préciser que mes références sur les hybrides ne concernent pas les personnes enlevées par des ovnis et qui pensent avoir été fécondées par des êtres extraterrestres. Bien que ce sujet mérite d'être étudié, il ne fait pas l'objet de ce livre.

Les hybrides dont je parle sont présents sur notre planète depuis des éons de temps et sont approuvés par les grands êtres spirituels qui veillent à la destinée de cette planète.

Ce livre *Les hybrides : Vous pensez donc que vous êtes humain* fournit des informations sur les hybrides les plus courants que j'ai découverts à ce jour. Il contient en plus des histoires personnelles de personnes qui se considèrent comme des hybrides. Cette liste continuera de s'allonger au fur et à mesure que je découvrirai d'autres types d'hybrides.

J'ai également inclus en annexe un court questionnaire - *Quel type d'hybride suis-je* ? - pour vous aider à déterminer si vous êtes peut-être l'un de ces hybrides, ainsi que des conseils utiles si vous découvrez que vous l'êtes.

Les hybrides existent depuis toujours, mais je n'étais pas prête à envisager cette possibilité plus tôt. L'immensité de la matière m'aurait submergée et j'aurais pu la rejeter. L'Esprit divin nous guide pas à pas lorsqu'il nous amène en territoire inconnu, afin que nous puissions réussir à absorber les enseignements qu'il souhaite nous donner lorsque le moment est venu pour nous de les recevoir. La vie nous offre des occasions d'abandonner nos idées préconçues sur ce qui est possible et ce qui ne l'est pas. Plus nous sommes ouverts à ce que l'univers veut nous présenter, plus nous sommes en mesure de voir clairement ce que nous avons toujours eu sous les yeux. Les hybrides représentent un de ces sujets pour moi.

J'espère que vous trouverez aussi ce concept intéressant et, si l'Esprit divin le veut, il pourra vous apporter un éclairage sur des questions restées sans réponse dans votre vie, sur qui vous êtes et pourquoi vous faites ce que vous faites.

Suis-je un hybride ?

Les réflexions suivantes sont communes aux hybrides. Si vous répondez "oui" à plusieurs de ces affirmations, ce livre vous intéressera particulièrement.

- Je suis hypersensible à la violence
- Je suis profondément engagé à aider la Terre
- Je me décrirais comme un penseur indépendant
- Je fais confiance à mon guide intérieur en ce qui concerne ce qui est juste, même si cela va à l'encontre de la norme.

INTRODUCTION DE LLOYD

Par Lloyd le Leprechaun

Ici Lloyd ! *Pour ceux qui ne me connaissent pas, je travaille avec Tanis depuis une vingtaine d'années et nous avons coécrit quelques livres ensemble. Je suis un Leprechaun, et mon père et ma mère étaient des Leprechauns, descendants d'une longue lignée de Leprechauns. Dans mon monde, le royaume des Êtres Élémentaux – aussi appelés Esprits de la nature – je me consacre à l'étude des humains, en particulier à la façon dont les humains et les Êtres Élémentaux peuvent travailler ensemble en tant que cocréateurs sur cette planète. C'est ce que nous sommes censés faire... si vous ne l'avez pas encore réalisé.*

Pendant la majeure partie de ma vie d'adulte, j'ai travaillé avec différents types d'Êtres Élémentaux, des Gobelins, des Gnomes, des Elfes et d'autres – vous voyez – pour m'assurer qu'ils étaient à la hauteur de la tâche de collaborer avec les humains qui veulent s'associer et créer une belle planète en alignement avec les lois naturelles et spirituelles. C'est en tout cas ainsi que mon travail a commencé. Cependant, ce dernier a pris quelques chemins de traverse, ce qui nous amène au présent sujet, à savoir les Êtres Élémentaux qui sont entrés dans le monde humain sous la forme de ce que nous appelons des "hybrides".

Vous vous demandez peut-être pourquoi les Êtres Élémentaux voudraient faire une telle chose ?

Ce ne serait pas le cas si les humains prenaient mieux soin de NOTRE environnement, mais ce n'est pas le cas. Comme les zones de la Terre où nous pouvons vivre se réduisent, beaucoup d'entre nous ont pensé qu'en tant qu'humains, nous pourrions développer notre libre arbitre pour devenir des créateurs à part entière. Nous voulions aider la Terre en sauvant l'environnement et en apportant plus de beauté et de joie dans le monde des humains. Après tout, nous avons toujours eu une longueur d'avance sur les humains dans le domaine des arts créatifs - peinture, danse, théâtre, etc.

Cela ne veut pas dire que les Êtres Élémentaux sont capables de s'intégrer à cent pour cent dans le monde des humains. Même nos anciens n'ont pu conserver que vingt à vingt-cinq pour cent de leur héritage Élémental. Les humains ont un ego si fort que les Êtres Élémentaux ne pourraient pas y faire face et se perdraient facilement dans le monde humain. C'est pourquoi seuls les plus forts - généralement les plus âgés - ont été autorisés par les Conseils Karmiques des Élémentaux et des Humains à entrer dans l'évolution humaine.

C'est le cas des hybrides en général. Les hybrides Ange, par exemple, ne sont qu'un petit pourcentage Ange, le plus grand pourcentage restant humain.

Toutes ces incarnations hybrides ont lieu depuis quelques milliers d'années, mais surtout depuis les cinq cents dernières années, jusqu'à ce que les Êtres Élémentaux trouvent le moyen de rester dans leur propre monde tout en travaillant avec les humains, et c'est ce que nous faisons actuellement Tanis et moi.

J'aimerais souligner, et c'est important, que même si je reste dans mon monde Élémental, le fait de travailler avec un humain m'a changé... et a changé Tanis aussi. C'est parce que nous devenons comme ceux que nous fréquentons. C'est le pouvoir de la pensée qui fait de nous ce que nous sommes.

Et c'est exactement comme cela que les hybrides sont déterminés par les Conseils Karmiques. Les Grands Êtres qui veillent sur notre évolution peuvent entendre et voir et ils savent ce que l'Esprit divin souhaite, puis ils pensent à ce que l'Esprit veut sous une forme.

Les Êtres Élémentaux et les humains le font aussi, mais à moins que les humains ne soient des maîtres spirituels, ils n'ont pas le sens de l'Exactitude que nous, les Élémentaux, possédons. Vous, les humains, n'avez jamais été de bons auditeurs du plan divin. Au lieu de cela, vous avez imaginé un monde où l'eau et l'air sont pollués, où il y a de la violence et tout le reste, mais je ferais mieux de ne pas m'engager sur cette voie. Vous, les humains, n'êtes pas très doués pour vous regarder dans la glace !

Je laisse donc la parole à ma collaboratrice préférée, Tanis, qui vous guidera à travers toutes les informations scientifiques, historiques et mythiques sur les hybrides (d'après les humains, bien sûr). Ensuite, je reviendrai pour vous donner mon point de vue et compléter ce qu'elle a pu oublier.

Restez à l'écoute... cela va devenir excitant !

ARGUMENTS EN FAVEUR DES HYBRIDES

Il est admis que les êtres humains et toutes les formes de vie sur Terre ont évolué pendant des millénaires à partir de composés chimiques présents sur une planète gazeuse. Bien que nous acceptions ce fait intellectuellement, la plupart d'entre nous n'ont pas de lien émotionnel avec celui-ci. Il ne fait pas partie de notre réalité expérientielle et, de ce fait, notre vie est basée sur un système de croyances tout à fait différent. À savoir, tous les êtres humains sont fondamentalement les mêmes ; les seules différences se situent au niveau de l'origine ethnique et culturelle, du sexe, de la couleur de la peau et des cheveux, de la taille et du poids.

Cette vision de l'être humain prévaut, même si la science a prouvé que tous les humains sont constitués à 99 % d'éther, et non de matière physique telle que nous l'imaginons à tort.

Si nous ne pouvons pas reconnaître ces faits fondamentaux de la réalité, comment pouvons-nous espérer percevoir la complexité et la diversité de l'être humain ?

La bonne nouvelle, c'est que la plupart des scientifiques acceptent désormais un principe relativement nouveau : les pensées peuvent modifier les résultats de leurs expériences et peuvent même nier la validité des résultats, si ceux-ci ne correspondent pas à leur système de croyances.

Par exemple, en 1992, dans la revue *Naturwissenschaften* 79 :358, la scientifique allemande Svetla Balabanova et deux collègues ont fait état de découvertes de cocaïne, de haschisch et de nicotine dans des momies égyptiennes datant de 1070 avant notre ère à 395 après notre ère. Ils ont été critiqués publiquement par nombre de leurs collègues qui ont déclaré que c'était impossible. Quelqu'un avait dû déposer ces substances dans les momies plus tard puisque le tabac venait du Nouveau Monde et n'avait été découvert qu'au début du XVIe siècle par Christophe Colomb. Des recherches récentes ont rétabli la crédibilité de leurs conclusions.

Nous savons également qu'il y a eu des communications entre l'Amérique du Nord, l'Europe et l'Asie pendant des milliers d'années. Ainsi, un outil de l'âge de la pierre, appelé pointe de Clovis, utilisé par les ancêtres des grottes de Lascaux en France il y a environ trente mille ans, a récemment été découvert en Amérique du Nord. Le peuple Ojibwa, qui vit autour des Grands Lacs en Amérique du Nord, possède un ADN mitochondrial inhabituel trouvé en Europe il y a plus de quinze mille ans.

Il faut du courage pour aller à l'encontre de l'opinion dominante mais, comme la scientifique allemande, nous devons le faire, sinon nous ne connaîtrons jamais la vérité sur notre existence sur Terre.

Je l'ai appris très tôt dans ma vie. Dans mon premier livre, *Decoding Your Destiny*, publié en 1988, j'ai affirmé que les Atlantes avaient construit le Sphinx vers 10 000 avant notre ère. À l'époque, il était admis par les archéologues que le Sphinx avait moins de la moitié de cet âge, et il m'était émotionnellement difficile d'affirmer quelque chose qui contredisait les "experts". Depuis, le géologue américain Robert Schoch a effectué une analyse informatique montrant que le Sphinx a entre dix mille et quinze mille ans et qu'il a été érodé par l'eau, ce qui concorde avec mon hypothèse selon laquelle il a été endommagé lors du naufrage de l'Atlantide.

Nous vivons une période formidable sur Terre, où nos idées préconçues sur l'ensemble de notre histoire sont remises en question. On nous a appris à croire que tous les humains descendent des singes et, même si les archéologues n'ont pas encore trouvé le "chaînon manquant", ils sont convaincus qu'un crâne sera découvert pour prouver leur théorie. Curieusement, plus les archéologues découvrent des crânes, plus ils changent leurs opinions antérieures, mais ils s'accrochent à chacune d'entre elles comme étant à ce moment-là la seule valable.

Les biologistes n'ont pas non plus la tâche facile pour comprendre ce qu'est un être humain. Jusqu'à présent, ils n'ont réussi à déchiffrer que la fonction de trois à cinq pour cent de notre ADN ; le reste de l'ADN est qualifié « d'ADN poubelle », ce qui signifie « ignorez-le, il n'est pas important ». Lorsqu'ils en sauront plus, je pense 1) qu'ils découvriront que nous ne sommes pas tous humains à cent pour cent, ou 2) qu'ils changeront leur vision de ce qu'est l'être humain.

Pouvons-nous voir dans la nature un endroit où cela s'est produit ? La réponse est "Bien sûr !".

L'observation la plus évidente est que tous les êtres de la Terre - y compris les plantes, les animaux, les humains, les pierres, les poissons, les oiseaux, des espèces vivantes totalement distinctes - ont évolué à partir du même mélange chimique il y a des milliards d'années. N'est-il pas étonnant que cela se soit produit, mais que l'humanité n'y soit pour rien ? Cette évolution s'est produite avant que nous puissions même rêver de créer de telles formes de vie. De toute évidence, il existe un plan qui continue à se déployer sans nous.

La nature, qui travaille en accord avec ce plan divin, continue à développer de nombreux types d'hybrides - pas seulement un animal, une plante ou un type d'être humain. Et cela se produit aujourd'hui, pas seulement dans le passé.

Là où je vis, au Canada, nous avons deux sortes d'ours qui ont donné naissance à une progéniture hybride. Lorsque les glaces du Nord ont commencé à fondre en raison du réchauffement climatique, l'habitat des ours polaires s'est réduit et leur nombre a commencé à diminuer rapidement, avec un risque croissant d'extinction. Simultanément, en raison de la diminution de la glace, le grizzli s'est déplacé plus au nord sur le territoire de l'ours polaire. Les deux espèces se sont accouplées et ont donné naissance à une progéniture fertile. Serait-ce la nature qui veille à ce que le meilleur de l'ours polaire soit transféré dans le nouvel environnement dont il aura besoin pour survivre ?

Voici un autre exemple de la façon dont la nature a créé un hybride fertile. De nombreuses espèces de dauphins sont connues pour se croiser dans la nature et produire une progéniture fertile. Le Dauphin de Risso et le Grand Dauphin l'ont fait, mais le plus connu est un hybride fertile issu d'une Fausse Orque et d'un Grand Dauphin, appelé le Wholpin.

Dans l'histoire de l'humanité, nous savons maintenant que les Néandertaliens et les Cro-Magnons se sont accouplés et ont créé des hybrides fertiles. Si l'Esprit divin travaille continuellement par le biais de la nature pour créer des animaux hybrides, comme cela semble le cas, l'Esprit divin ne pourrait-il pas également travailler à développer de nombreux êtres hybrides différents par l'intermédiaire des humains ? Je crois que la réponse est un "oui" retentissant.

J'aimerais ajouter un autre élément à cette réflexion sur la possibilité de divers hybrides. Des chercheurs très respectés estiment que l'intelligence artificielle se développe si rapidement que l'humain et la machine (l'intelligence artificielle) fusionneront d'ici quarante à cinquante ans. Les partisans de ce postulat se désignent eux-mêmes sous le nom de "transhumanistes" et le résultat est appelé un hybride humain-machine.

Les Cyborgs, comme on les appelle dans certains livres et films de science-fiction, deviennent de plus en plus sophistiqués. Par exemple, des inventions qui relient les cellules du cerveau au moyen de micropuces ont déjà été réalisées. Ces nouveaux développements montrent à quel point la question des hybrides est sérieuse.

Ce livre n'aborde pas le thème des hybrides humain-machine. Cependant, je pense que dans un avenir proche, nous devrons nous pencher sur cette question essentielle : Qu'est-ce que l'humain ? En traitant cette question aujourd'hui dans le contexte des hybrides intelligents qui existent au sein de l'espèce humaine, nous pourrons plus facilement aborder le sujet des hybrides humain-machine à l'avenir. Espérons que cela permettra également aux hybrides déjà présents d'accepter plus facilement leur singularité.

Si nous acceptons ces possibilités, cela nous mettra sur la voie d'une compréhension plus profonde de nos différences et des dons que chacun d'entre nous peut offrir au monde. Notre monde passe du noir et blanc à une riche variété de couleurs à mesure que nous découvrons nos talents, nos faiblesses, nos raisons de vivre et aussi la manière de cocréer ensemble sur cette merveilleuse planète.

Dépassons donc la superficialité de la couleur de la peau et des cheveux et plongeons plus profondément dans notre être intérieur pour voir ce que nous pouvons apprendre. Parlons à des personnes qui se croient hybrides et écoutons ce qu'elles ont à dire. Peut-être découvrirez-vous, vous aussi, que vous êtes une personne hybride.

Que le voyage commence.

COMMENT SONT CRÉÉS LES HYBRIDES

Nous, les humains, créons des hybrides depuis longtemps. Nous avons par exemple croisé une pêche et une prune et le résultat a été une délicieuse nectarine, fertile et capable de produire des fruits pendant de nombreuses années. Cependant, toutes nos créations ne sont pas conformes à la Loi Divine.

Certains hybrides ne sont pas bénéfiques à long terme comme c'est particulièrement le cas aujourd'hui pour les semences. Monsanto et DuPont ont créé des semences hybrides stériles pour les vendre aux agriculteurs. Les semences stériles peuvent donner de meilleurs rendements pendant un an, mais les agriculteurs, en particulier dans les pays pauvres, n'ont pas les moyens d'acheter des semences stériles chaque année. Les espèces anciennes sont bien adaptées à l'environnement dans lequel elles sont cultivées, et si elles disparaissent de notre banque de semences commune, nous deviendrons plus vulnérables aux épidémies et à la famine mondiale.

Certaines plantes hybrides semblent être à l'origine de maladies chez les humains. C'est probablement le cas du blé que nous consommons dans le monde occidental. La maladie cœliaque, le diabète, l'arthrite, les maladies cardiaques et toute une série d'autres maladies semblent liées au blé qui a subi plusieurs modifications motivées par l'appât du gain au cours des derniers siècles.

Les humains ont également créé des animaux hybrides, comme la mule, un croisement stérile entre un cheval et un âne, afin de bénéficier des avantages des deux animaux parents. Certains de ces croisements d'animaux sont positifs et conformes à la Loi Divine, tandis que d'autres ne le sont pas. Le porc a été créé en Atlantide en croisant un animal avec un humain primitif. Les Juifs, les Musulmans et les Hindous ont peut-être oublié la raison de leur tabou sur la consommation de porc, mais celle-ci était considérée comme une sorte de cannibalisme. Le porc reste dans le tube digestif et pourrit rapidement. Le corps humain ne peut pas faire la différence entre lui-même et la viande de porc, ce qui entrave la digestion.

La peau de porc est utilisée dans les greffes de peau pour les humains et les valves cardiaques de porc sont utilisées dans les opérations cardiaques humaines. Les personnes en situation de survie qui ont dû manger de la chair humaine déclarent qu'elle a un goût de porc, et certaines cultures cannibales primitives ont qualifié la chair humaine de "long pig" (anthropophagie).

Nous sommes capables de créer physiquement des hybrides et plus nous en apprenons sur les différents gènes, plus nous devenons techniquement compétents. Les humains sont-ils également capables de savoir comment créer des hybrides selon les lois spirituelles du Plan Divin ? Il faudrait être un être éclairé pour connaître ces lois spirituelles et avoir la sagesse de les appliquer. Combien d'entre nous remplissent ces conditions ?

La bonne nouvelle à ce sujet est que les humains s'élèvent en conscience et commencent à reconnaître les qualités qui mènent à l'éveil. En purifiant nos pensées et nos émotions pour acquérir, comme le disent les bouddhistes, "une motivation juste pour nos actions", nous élevons notre fréquence et nous nous rendons compte quand nos actions ne sont pas en accord avec le Divin. Il devient alors offensant pour nous de nous engager dans ces actions.

Nous évoluons de l'homme animal à un être humain véritable. L'homme animal ne se préoccupe que du physique et de la manière de conquérir la nature, alors que l'humain éclairé est motivé pour cocréer avec la nature selon les lois spirituelles. Je suppose qu'au fur et à mesure que nous évoluerons pour devenir des êtres éveillés, nous découvrirons que non seulement les plantes et les animaux de cette planète sont des hybrides, mais qu'il y a aussi des hybrides humains.

Les récits populaires, les mythes et les textes religieux du monde entier évoquent l'existence d'êtres intelligents non humains qui interagissent avec les humains. Ceux-ci peuvent être des Anges, des Oiseaux, des Géants ou des Dragons, et chacun de ces types d'êtres se retrouve dans de nombreuses cultures très éloignées les unes des autres. Ces êtres sont souvent considérés comme des dieux dotés de pouvoirs spéciaux et uniques que les humains ne possèdent pas. Dans nos mythes, comme ceux des dieux de l'Olympe en Grèce, ces êtres se sont croisés avec des humains pour créer des hybrides fertiles, dotés de forces et de pouvoirs semi-divins. Même dans les religions contemporaines comme le Christianisme, la Vierge Marie aurait conçu Jésus, un être semi-divin, par l'action du Saint Esprit.

L'Esprit divin crée continuellement des hybrides dans notre monde naturel, comme le démontrent les exemples cités précédemment. De grands êtres, existant dans des dimensions supérieures à notre réalité physique, travaillent avec les lois spirituelles pour créer la diversité des hybrides existant sur notre planète. Ils le font grâce au pouvoir de la pensée. Comme le montre la physique quantique, nous savons que nos pensées créent notre réalité. Si nous, les humains, dans notre quasi-enfance au sein de l'Univers, pouvons comprendre cette théorie et apprendre à la mettre en pratique - en nous guérissant et en guérissant les autres par la prière et en manifestant ce que nous désirons - alors imaginez l'immense pouvoir créatif des grands êtres qui supervisent notre évolution ? Ce que nous considérons aujourd'hui comme des miracles seront un jour des talents que nous posséderons tous lorsque nous serons éveillés.

La création d'un hybride humain exige que deux choses fonctionnent simultanément : notre ascendance physique et celle spirituelle. Chacun d'entre nous possède un "Élémental ou Esprit du corps" qui construit nos corps physique, émotionnel et mental au moment de la conception, lorsque l'ovule et le spermatozoïde se rencontrent. Travaillant sous la direction du Conseil Karmique (de grands êtres spirituels qui supervisent notre évolution), l'Esprit du corps incorpore les parties essentielles de nos héritages individuels dans notre véhicule corporel unique afin de nous donner la capacité d'accomplir le but de notre âme dans cette vie.

Le même Esprit du corps qui construit notre corps dans cette vie a construit notre corps dans toutes les vies. Il connaît notre passé, notre histoire actuelle et même notre potentiel futur. L'Élémental du corps connaît notre ascendance physique en ce qui concerne les gènes hérités de nos parents et de nos ancêtres. Il connaît également notre ascendance spirituelle - qui nous étions dans nos vies antérieures, ainsi que les pays et les peuples dans lesquels nous avons des racines.

Nos ascendants spirituels et physiques sont mélangés dans notre sang. Notre véritable essence - ce que nous sommes vraiment, non seulement génétiquement, mais aussi spirituellement - se trouve dans notre sang. Les scientifiques ne l'ont pas encore découvert parce que leurs mesures ne tiennent pas compte de l'essence éthérique du sang. Bien qu'ils aient peut-être oublié la vraie raison, c'est une cause d'ordre spirituel qui explique pourquoi certaines religions interdisent les transfusions sanguines. Il est bien connu que les personnes qui ont eu une transplantation cardiaque développent souvent de nouveaux intérêts et des envies alimentaires qui étaient caractéristiques de leur Donneur. Par exemple, un végétarien est impatient de manger un hamburger après l'intervention. En faisant des recherches, il s'avère que le cœur provient d'un jeune homme qui aimait les hamburgers.

Pour entrer dans l'évolution humaine en tant qu'hybride, tout être doit demander la permission à la fois au Conseil Karmique des Humains et à celui de son origine. Il existe des exigences différentes pour les êtres individuels de chacune de ces lignées.

Ainsi, lorsqu'un Être Élémental demande à entrer dans l'évolution humaine, le Conseil Karmique s'assure que l'être est suffisamment fort pour résister à la volonté humaine. Au cours de la première vie humaine de l'Élémental, l'hybride peut n'avoir droit qu'à dix pour cent de son héritage ancestral, alors qu'au cours de la dixième vie, l'individu peut être assez fort pour apporter vingt pour cent de son héritage ancestral. Ainsi, plus un hybride a participé longtemps à l'évolution humaine, plus il prend conscience de son unicité. En même temps, il est mieux à même de fonctionner dans le monde humain et, ayant appris les lois humaines, il souhaite souvent rechercher son héritage d'origine.

L'une des principales raisons d'être de ce livre est d'aider ces personnes.

Au sein d'une même famille, il peut y avoir plusieurs types d'hybrides. Par exemple, la mère peut être un hybride Ange, tandis que le père est un hybride Elfe. Ils se reproduisent et donnent naissance à une progéniture fertile, qui peut hériter spirituellement de l'une ou l'autre des lignées spirituelles de leurs parents, ou des deux, ou encore être très différent d'eux. Les frères et sœurs peuvent également être des hybrides de différents types.

Un individu peut avoir reçu la permission d'entrer dans l'évolution humaine par l'intermédiaire de ces parents parce qu'ils ont un lien karmique qui peut mieux se résoudre s'ils sont membres de la même famille. Afin de ne pas créer de confusion, chacune des vingt-deux espèces hybrides sera traitée de manière unique plus loin dans le livre.

Vous vous demandez peut-être si vous pouvez être plus qu'un hybride et la réponse est un "oui sous condition". Cela dépend de la catégorie d'hybride. Si vous êtes originaire d'un autre système stellaire (voir section 3), il est possible que vous soyez entré dans plus d'une espèce sur Terre afin d'expérimenter et d'aider chacune de celles-ci.

A titre d'exemple : Les Pléiadiens ont participé à l'évolution de la Race Verte, des Dauphins et des Baleines. Il est donc possible d'être originaire des Pléiades et de penser que cet amas d'étoiles représente votre origine, tout en pensant simultanément que vous êtes un hybride Peuple de la Mer, Dauphin ou Baleine. Ou si vos parents sont issus de deux évolutions hybrides différentes, vous pouvez vous identifier à leurs deux types d'hybrides parce que vous avez hérité des gènes physiques de vos deux parents.

Les gens demandent souvent : "Pouvons-nous revenir à nos origines après être devenus des hybrides ?" C'est seulement à notre niveau de conscience actuel que cette question est importante. Puisque tout ce qui concerne chacun de nous est enregistré dans les Annales Akashiques (également connues sous le nom de Livre de la Vie), aucune information n'est jamais perdue. Cela comprend notre origine et les nombreuses vies que nous avons eues dans d'autres évolutions.

Dans les dimensions supérieures, nous sommes tous à la fois uniques et identiques, et la question du retour à ce que nous étions dans le passé n'a pas d'importance. Même si nous sommes des hybrides, nous n'en avons peut-être pas un souvenir conscient, mais lorsque nous apprenons à connaître les différents types d'hybrides, ces informations semblent justes et ont un sens profond pour nous.

QUEL TYPE D'HYBRIDE SUIS-JE ?

Il existe de nombreux types d'hybrides évoluant sur Terre. Nous examinerons trois grandes catégories dans cet ouvrage. L'étude des hybrides n'en étant qu'à ses débuts, de nombreux types d'hybrides sont en train d'émerger et pourront être abordés dans une phase ultérieure.

Les trois grandes catégories d'hybrides sont :

1. **Les Êtres Élémentaux** – incluant les Leprechauns, les Brownies, les Pixies, les Gobelins, les Trolls, les Elfes des forêts, les Elfes royaux et les Dévas des arbres. Ce sont les premiers habitants de la Terre qui sont entrés dans l'évolution humaine.

2. **Les Cousins Humains** – incluant le Peuple de la Terre Intérieure, le Peuple de la Mer, les Dauphins et les Baleines et tous les descendants des premiers hommes.

3. **Les Êtres Stellaires** – incluant les Anges, les Els, les Êtres Horus, les Êtres Pan, les Dragons, les Abeilles, les Centaures, les Anunnakis et peut-être d'autres êtres qui sont aussi entrés dans l'évolution humaine en tant qu'hybrides.

Types d'hybrides

Ce qui suit est une analyse détaillée des vingt-deux différents types d'hybrides que j'ai découverts et avec lesquels j'ai travaillé en étroite collaboration. Il se peut que vous reconnaissiez immédiatement la catégorie spécifique d'hybride auquel vous appartenez – Être Élémental, Cousin humain, Être Stellaire - ou que vous ressentiez une relation avec plusieurs types différents en lisant les descriptions et les conseils utiles à la fin de chaque partie sur les hybrides.

Après avoir lu le livre, le questionnaire "Quel type d'hybride suis-je ?" vous aidera à identifier le type d'hybride que vous pourriez être, ou celui dans lequel vous avez eu d'autres incarnations.

Détendez-vous et prenez plaisir à explorer ce nouvel aspect possible de votre humanité. Laissez votre instinct vous guider et suivez votre cœur.

SECTION I :

LES HYBRIDES
ÉLÉMENTAUX

Ici Lloyd à nouveau et, comme promis, je vais vous parler des différents types d'hybrides Élémentaux. Nous nous appelons "Êtres Élémentaux" parce que nous sommes constitués des éléments terre, air, feu et eau. En tant que Leprechaun, je suis un Élémental de la terre. Nous sommes plus nombreux que les autres espèces à nous incarner dans l'évolution humaine. J'aimerais néanmoins vous donner une idée des autres Êtres Élémentaux, au cas où vous seriez l'un d'entre eux, comme cela arrive parfois.

Les Êtres Élémentaux de l'air, de l'eau et du feu choisissent souvent de travailler avec un humain comme partenaire tout en restant dans le monde Élémental, plutôt que d'entrer dans l'évolution humaine en tant qu'hybride. Leur nature est si différente de celle des humains qu'il leur serait difficile de vivre en tant qu'être humain.

Les Élémentaux de l'air sont appelés Sylphes et s'occupent des phénomènes météorologiques ; les Élémentaux de l'eau sont appelés Ondines et se trouvent tant dans de minuscules ruisseaux que dans des chutes d'eau gigantesques - comme vos puissantes chutes du Niagara. Les derniers sont les Salamandres et travaillent avec le feu - par exemple l'énergie de la kundalini dans vos corps. Elles peuvent aussi apporter l'énergie du soleil à la terre.

Les Êtres Élémentaux de la terre, qui sont les plus susceptibles d'entrer dans votre monde en tant qu'hybrides, ont un système de clans héréditaires et hiérarchisés. Ces clans sont divisés en rois, princes, nobles et diverses guildes d'artisans. Les guildes d'artisans sont spécialisées dans les couleurs, les sons, les arômes et le travail avec les éléments (air/feu/eau/terre). Parmi *eux, il y a des chasseurs, des musiciens, des tisseurs de légendes, des drapiers, des conteurs, des artistes, des magiciens, des guérisseurs et des guerriers, pour n'en citer que quelques-uns. Chaque clan a une mission spécifique à accomplir, propre à sa nature. Les Êtres Élémentaux, contrairement aux humains, ne pensent pas à changer de métier et, lorsqu'ils entrent dans l'évolution humaine en tant qu'hybrides, ils s'orientent souvent vers des métiers qui correspondent à leur clan parce que c'est la chose la plus facile à faire.*

LES LEPRECHAUNS

Il est temps de commencer *à parler des Êtres Élémentaux de la terre et, comme vous pouvez l'imaginer, j'aimerais commencer par les Leprechauns. Les gens se demandent toujours si les Leprechauns ne se trouvent qu'en Irlande et la réponse est "non" ; nous avons des cousins dans d'autres parties du monde.*

Aux Pays-Bas, on les appelle les Kabouters et, comme nous, ils ont tendance à porter la barbe et sont de bons artisans. Autrefois, ils vivaient souvent sous terre dans les forêts et, ne l'oublions pas, ils aiment les champignons... la nourriture de Dieu.

Les Leprechauns ont la réputation d'être un peu filou, mais je dirais que ce n'est pas juste. Nous sommes simplement intelligents. Certains artisans parmi nous, fabriquent des chaussures, des vêtements et d'autres choses du même genre, mais on peut dire que c'était plus fréquent dans le passé et que ce n'est plus très courant aujourd'hui. Cependant, il est vrai que nous aimons faire de l'artisanat, de la poterie, de la gravure sur bois, de la sculpture, ce genre de choses. Lorsque nous entrons dans l'évolution humaine en tant qu'hybrides, vous pouvez parfois nous trouver dans des métiers artisanaux.

Les Leprechauns excellent aussi dans d'autres professions. Nous sommes d'excellents banquiers et nous tenons les comptes de nombreux Elfes Royaux, qui sont plus doués pour dépenser que pour gagner de l'argent. Nous sommes connus pour garder un œil sur notre argent et pour faire de bonnes affaires... nous savons reconnaître une bonne opportunité quand nous la voyons.

Pour ma part, je me considère comme un philosophe et un érudit, et certains hybrides Leprechauns suivent cette voie dans le monde des humains. Pourtant, je ne dirais pas que c'est notre principal talent. Nous sommes des individus aussi divers que vous, les humains, mais j'essaie de trouver des points communs que vous pourriez reconnaître.

Eh bien, je suppose que la forme du corps est un de ces points. Les hybrides Leprechaun sont plutôt trapus ou corpulents... ils ne sont pas aussi sveltes que les Elfes. Nous sommes souvent poilus et certains d'entre nous portent la barbe et en sont fiers.

En y réfléchissant, je pense que notre plus grande qualité est notre humour. Parfois, les humains aiment faire des commentaires sur notre esprit et notre sens de l'humour. Les humoristes Robin Williams, Jonathan Winters et W. C. Fields avaient tous de nombreuses qualités que l'on pourrait attribuer aux hybrides Leprechauns, si l'on voulait les pointer du doigt, ce qui n'est évidemment pas le cas. Certains diront que nous n'atteindrons jamais le statut de star du cinéma mais que nous vous séduirons par notre personnalité. Il arrive que les humains nous trouvent "susceptibles", surtout s'ils se moquent de nous, mais disons que nous avons notre fierté.

La plus grande leçon que nous, les Leprechauns, devons apprendre est de ne pas prendre avantage des autres et d'être capables de rire de nous-mêmes aussi facilement que nous rions des autres. Nous pouvons apprendre à le faire en travaillant avec d'autres en partenariat plutôt qu'en solitaire, ce que nous avons souvent tendance à faire de par notre nature très indépendante.

Tanis me rappelle que je dois évoquer les questions relationnelles, mais c'est un sujet un peu délicat pour nous. Nous ne parlons pas de nos affaires privées, y compris de nos relations avec nos partenaires. On peut aussi considérer cela comme une caractéristique des hybrides Leprechauns. Nous n'aimons pas trop afficher notre sexualité, comme le font les Elfes. À vrai dire, même si je regrette de le dire, nous sommes un peu gênés et insécurisés par le fait de ne pas être aussi beaux que d'autres... comme le sont les stars de cinéma.

Et maintenant, un petit mot de ma co-autrice Tanis.

De nombreuses personnes, qui resteront anonymes dans ce livre, se considèrent comme des hybrides et Lloyd et moi-même leur sommes très reconnaissants d'avoir raconté leur histoire pour aider d'autres individus à mieux comprendre les différents types d'hybrides.

Hybride Leprechaun : SALLY

Sally dit être une hybride Leprechaun qui a développé très tôt des qualités de Troll pour se protéger dans un environnement peu accueillant, voire hostile. Sally est petite et trapue ; elle est discrète sur les questions sexuelles.

"Je vois généralement de l'humour dans la plupart des situations... même dans celles où d'autres ne trouvent rien de drôle. Mentalement, je suis un peu philosophe - j'adore apprendre de nouvelles choses au point d'ennuyer les autres avec mes connaissances - et pourtant je suis incapable de m'arrêter parce que je trouve tout tellement intéressant. Je ne suis plus très portée sur la spiritualité, je préfère être proche de la nature et j'ai un sixième sens en ce qui concerne les gens, les animaux et bien d'autres choses."

"Je suis douée pour les affaires, mais pas de manière ostensible ; je peux mieux travailler en coulisse. J'aime négocier le type de transaction où toutes les parties sont gagnantes. Certaines des négociations que j'ai menées très jeune m'ont permis par la suite de réussir financièrement - malgré des circonstances qui auraient pu laisser d'autres personnes dans une situation précaire. Je savais qu'à l'époque, les autres parties en avaient tiré profit, mais une famille m'a dit plus tard à quel point sa situation était grave lorsque je l'ai aidée."

"La raison pour laquelle je n'aime pas être au premier plan en affaires, c'est que j'ai une faible tolérance pour le "BS" (Bullshit - la bêtise). Je protège ceux qui sont traités injustement et je suis sur la défensive face aux personnes qui ne traitent pas les autres de manière équitable. Les personnes qui souhaitent tromper les autres gardent souvent leurs distances avec moi. Il m'est difficile de participer à des négociations avec lesquelles je ne suis pas à l'aise ou de m'impliquer dans des affaires commerciales qui demandent de traiter avec un trop grand nombre de personnes à la fois. Je suis étonnée du nombre de fois où j'ai été l'une des seules personnes à se rendre compte que quelqu'un essayait de tromper les autres. Les gens se mettent en colère contre moi parce que je ne suis pas d'accord avec ce qui se passe, jusqu'à ce qu'ils se rendent compte que j'ai raison, et ce parfois plusieurs années plus tard. Entre-temps, je trouve souvent ma position extrêmement inconfortable."

"La Leprechaun qui sommeille en moi prend énormément de plaisir à participer à une bonne farce… à la condition qu'il n'y ait pas de conséquence et que tout le monde puisse y repenser et en rire. Les blagues bien intentionnées, si elles sont exagérées, deviennent par contre lassantes pour moi."

"En général je suis assez déterminée et je persévère alors que la plupart des autres personnes abandonneraient. Je suis une personne qui, lorsqu'elle tombe, se relève toujours. Le côté positif de cela, c'est que j'ai réussi à surmonter des événements qui auraient détruit plus d'une personne. Le côté négatif, c'est qu'il m'arrive de m'acharner sur quelque chose alors que j'aurais mieux fait d'abandonner ... ce qui me rend parfois grincheuse."

"J'avais un oncle qui ressemblait beaucoup à un Leprechaun. Dans les dernières années de sa vie, il ouvrait la porte, complètement nu, pour accueillir l'infirmière qui venait le voir tous les matins. Il disait qu'il ne voulait pas la faire attendre et qu'une infirmière devait être habituée à ce genre de choses. Lorsque je lui disais que les infirmières ne verraient sûrement pas d'inconvénient à attendre pour qu'il s'habille avant d'ouvrir la porte, il affichait un sourire de Leprechaun."

"J'ai été surprise d'apprendre que, sans trop en parler, il avait fait beaucoup d'efforts pour me protéger et s'occuper de moi et qu'il savait que, plus que quiconque de son entourage, je me donnerais aussi beaucoup de mal pour faire la même chose pour lui."

LES BROWNIES

Lloyd : Assez parlé des Leprechauns. *Voyons maintenant ce qu'il en est des Brownies ... ceux-là même que les gens appellent Tomte en Scandinavie, Domovoy en Russie et Heinzelmännchen en Allemagne. Les Brownies et les Pixies (c'est ainsi que les Gnomes se nomment dans diverses régions d'Angleterre) sont des cousins éloignés des Leprechauns. Mais nous sommes tous des Gnomes.*

Les Brownies aiment vivre aux côtés des humains, dans leurs maisons ou leurs fermes. Autrefois, et même jusqu'au milieu du XVIIIe siècle, les humains laissaient un peu de lait et de miel, parfois même du porridge, pour les Aides du monde Élémental en guise de remerciement, mais tout cela a disparu avec la disparition de leur croyance en nous.

La principale caractéristique des Brownies et des hybrides Brownie est de vouloir être utiles et appréciés. Tanis a deux amis, un homme et une femme, qui sont des hybrides Brownie. Lorsque Tanis invite à dîner et que les convives sont encore à table, les hybrides Brownie font la vaisselle. Ceci est typique des hybrides Brownie, surtout dans les domaines de la maison et du jardin.

Souvent, un hybride Brownie se marie avec un hybride Ange ou un hybride Dragon, parce qu'il veut s'occuper de quelqu'un. Nous connaissons une hybride Brownie qui a épousé un hybride Ange. Pendant que le mari est occupé à avoir de nobles pensées pour le bien de l'humanité, elle s'occupe de la maison et du jardin. Elle le soutient et l'aide à rester « centré » afin qu'il puisse mieux accomplir son travail dans le monde.

Les Brownies ont du mal à dire "non" et n'aiment pas se plaindre. Ils peuvent donc accumuler des rancœurs. Ils peuvent soudainement exploser ou quitter une situation qui les oppresse. C'est particulièrement vrai lorsqu'ils ont l'impression que leurs besoins ne sont pas reconnus ou lorsqu'ils ne se sentent pas appréciés - ou les deux.

L'apprentissage le plus important pour les Brownies est la modération. Ils sont des aidants par nature, mais ils doivent apprendre à se fixer des limites pour que les autres ne profitent pas de leur bonne nature. Ils doivent aussi apprendre à faire ce qui est sain pour eux et ne pas se surmener. Ils sont tellement doués pour rendre les choses plus agréables pour les autres qu'ils peuvent continuer à le faire jusqu'à l'épuisement.

Hybride Brownie : LUCY

"J'ai des difficultés à faire des choix. Souvent, je choisis de m'occuper d'une autre personne, parfois au détriment de mon propre bien-être. Je me sens alors épuisée et j'ai besoin de temps et d'espace pour retrouver mon énergie. Une difficulté que ma famille a probablement eue avec moi est ma réticence à exprimer les choses qui me dérangent, par crainte de blesser les sentiments des autres. Le résultat est que je ne me sens pas bien moi-même."

"J'apprécie beaucoup la compagnie des autres, que ce soit en tête-à-tête ou en groupe. J'assume souvent le rôle d'organisatrice et d'animatrice lors de réunions de groupe, que ce soit pour le travail ou le plaisir. Je suis aussi une bonne collaboratrice, appréciant les efforts du groupe en vue d'atteindre un objectif commun. En cas d'incompréhension ou de conflit, c'est moi qui joue le rôle de médiatrice au sein du groupe. Je consacre une partie de mon temps libre à réfléchir sur notre existence commune sur cette planète et sur la meilleure façon d'utiliser le temps qui nous est accordé. J'encourage souvent les autres à prendre le temps de réfléchir au sens de la vie et à la façon dont nous sommes tous connectés les uns aux autres."

"L'un de mes plus grands dons est de partager mon appréciation et ma gratitude pour toute vie à travers mes mots, mes gestes et mes écrits. La leçon la plus importante que j'ai apprise est de ne pas m'interdire de ressentir de la peine et de la joie, de la douleur et du bien-être, du chaos et de la clarté. Tous ont leur place. Il s'agit de les considérer comme des états d'esprit éphémères et de leur permettre de circuler, et non pas de se figer à l'intérieur de nous."

LES PIXIES

Les Pixies - nom le plus utilisé en *Cornouailles et dans le Devon - sont des Gnomes, mais ils diffèrent des Brownies en ce sens qu'ils choisissent de ne pas avoir affaire aux humains et préfèrent vivre dans leurs propres communautés à la campagne.*

Tous les pays ont des Pixies et, en breton, on les appelle des Korrigans. De nombreux Pixies demandent à entrer dans l'évolution humaine en tant qu'hybrides, mais peu sont acceptés, car ils ont du mal à vivre seuls et sans leur groupe.

Autrefois, leurs lieux de prédilection étaient des hauts-lieux d'énergie de la terre, c'est-à-dire là où les humains placent souvent des dolmens et des cercles de pierre. Les Pixies, souvent appelés fées par les humains, étaient là avant que les humains ne construisent ces structures. Disons simplement que les humains et les Pixies savaient reconnaître les hauts-lieux d'énergie quand ils les voyaient. En Angleterre, les agriculteurs savaient qu'il fallait laisser des cercles de champignons, également appelés cercles de fées, et des cercles d'arbres considérés comme sacrés par les fées. Ces Êtres Élémentaux étaient en fait des Pixies.

Les Pixies ont généralement une apparence un peu plus enfantine et délicate que les autres gnomes que nous avons décrits. Les Hobbits, dans le livre et le film "Le Seigneur des Anneaux", ont été modélisés comme une combinaison de Pixies et de Brownies. Ils varient en taille et peuvent être très petits, de quelques centimètres à la moitié de la taille d'un petit être humain.

Plus souvent, dans le monde Élémental, les Pixies mesurent entre un et deux pieds de haut (entre 30 et 60 centimètres). Un hybride Pixie a dit un jour : "Je sais que j'ai des ailes, mais je ne les utilise pas beaucoup". Avoir des ailes est typique des Pixies, et les hybrides Pixie ont souvent l'impression d'avoir des ailes éthériques.

Les Pixies aiment généralement la musique, la danse et les jeux de toutes sortes avec d'autres membres de leur groupe. Ils sont souvent attirés par les enfants et les jeunes enfants ont parfois des Pixies comme compagnons de jeu. Contrairement aux Brownies, les Pixies aiment le plein air et n'aiment pas être confinés. Lorsque les Pixies entrent dans l'évolution humaine en tant qu'hybrides, ils n'aiment pas les limites, quelles que soient leurs formes, y compris les restrictions physiques et psychologiques. Ils sont farouchement indépendants, mais en même temps, ils aspirent à appartenir à un groupe, comme ils l'étaient dans le monde des Êtres Élémentaux. Il s'agit d'un grand conflit – faire partie de ou suivre sa propre voie. Ils passent souvent de l'un à l'autre, ce qui crée des conflits avec leurs amis ou leurs partenaires qui ne comprennent pas ce qu'ils veulent vraiment.

Lorsque les Pixies entrent dans l'évolution humaine, ils doivent veiller à ne pas se perdre. Ils se sentent investis d'une grande responsabilité, celle de prouver qu'ils ont mérité le droit d'être un humain. Ils doivent le prouver non seulement pour eux-mêmes, mais aussi pour la famille des Fées, qu'ils identifient comme étant les autres Pixies, les Brownies et les Gnomes.

Hybride Pixie : SOPHIE

"Mes yeux sont la première chose que l'on remarque chez moi. Ils sont en forme d'amande et d'une intensité rare. Ils sont d'un bleu clair avec des taches blanches. Mon corps est petit, avec des jambes et des bras courts. J'ai cessé de grandir à l'âge de onze ans et j'ai des pieds et des mains minuscules, de la taille d'une fillette de neuf ans."

"Enfant, je n'étais heureuse et épanouie que dans les bois, au bord d'un ruisseau ou d'un lac, seule ou avec un ami cher. J'étais profondément triste en général et je pensais que c'était une grave erreur d'être dans ce monde humain. Au cours de mon adolescence et au début de ma vie d'adulte, j'ai tenté de me suicider. Je ne faisais confiance qu'aux animaux - pas aux humains – à eux j'accordais toute ma loyauté. Je fabriquais des poupées avec toutes sortes de matériaux, du tissu à l'argile des bois. Ces poupées sont devenues mes amies car je pouvais facilement communiquer avec elles."

"Chanter et danser sont pour moi des moyens formidables d'exprimer ma joie pure, mais je me laisse rarement aller à le faire. J'aime chercher des baies d'hiver et des champignons dans la forêt, et j'adore également trouver des cypripèdes (sabot de Vénus) et des plantes Arisème petit-prêcheur. Je souffre de troubles affectifs saisonniers (TAS) en hiver et je déborde de vie jusque dans la nuit en été. J'ai passé la plus grande partie de ma vie à vivre en dehors de mon corps, sans vraiment m'occuper de lui. Ma plus grande joie physique est d'être nue dans l'eau, libre de bouger et de savourer la vie."

"Mon corps ne tolère pas bien la nourriture. Ce serait un bonheur de vivre uniquement d'air. La nourriture est belle à regarder, mais je préfère photographier des fruits et des légumes magnifiques plutôt que de les manger. Je peux connaître le goût des choses en les sentant et c'est généralement tout aussi gratifiant."

"Vieillir est pour moi un drame auquel je ne veux pas faire face. Étant donné que mon cœur réagit à la beauté saine, les signes d'une défaillance cellulaire irrévocable me semblent inacceptables. Ce n'est qu'en pénétrant plus profondément dans ma source spirituelle que je peux à nouveau me relier à tout ce qui est vraiment beau."

"Mes règles étaient très douloureuses. Pourtant, au moment de l'ovulation, mon désir sexuel était pratiquement incontrôlable. La sexualité me semblait être la communication la plus belle et la plus sacrée qui soit. Le flirt était un atout naturel qui s'est transformé en un comportement addictif. Les rapports sexuels avec d'autres personnes ont entraîné de nombreux problèmes. J'ai été abusée sexuellement de neuf à onze ans, puis à l'adolescence, et plus tard, par un de mes maris et par d'autres personnes."

"À l'âge adulte, mes mariages et l'éducation de mes enfants ont été émotionnellement chargés de conflits et de déceptions. J'étais épuisée. Ce n'est que dans les dernières années que j'ai trouvé un peu de stabilité et de sérénité. J'ai été totalement loyale envers mes maris, car je m'efforçais d'être une meilleure personne. Cependant, lors de mes mariages, j'étais souvent déçue et je cherchais toujours à améliorer quelque chose. Je suis aujourd'hui célibataire, totalement indépendante et heureuse de vivre dans la chasteté."

"Mon esprit passe d'un sujet à l'autre comme l'éclair. J'ai toujours posé de grandes questions et je n'ai pas trouvé de réponses dans les sources traditionnelles. J'apprenais vite, je voyais et expérimentais beaucoup plus que les autres, en particulier dans les domaines de l'art et de la musique. Je n'arrivais pas à comprendre les humains, en particulier leur cruauté et leur sens de l'humour. Souvent je trouve que notre culture de masse est d'un ennui mortel !"

"Je n'aime pas les restrictions, j'aime bien faire mon travail et les tâches ménagères lorsque l'énergie est bonne, pas lorsqu'on me l'impose. Cela a parfois créé des frictions avec différentes personnes alors que je voulais me marier et avoir une famille, tout en conservant mon indépendance."

"J'aime être différente, mais cela m'a valu de fréquentes brimades et des jugements sévères, même si mes différences ne nuisaient à personne d'autre. Je suis souvent beaucoup trop naïve et j'accorde aux gens le bénéfice du doute... jusqu'à ce qu'ils se révèlent indignes de confiance. Je ne les comprends pas et alors je ne partage pas avec eux mes pensées les plus intimes. J'ai dû travailler beaucoup sur le discernement. Ma vision de la nature humaine s'est révélée trop subtile pour certains et j'ai perdu des relations."

"J'ai également souffert de profondes insécurités, pensant que j'étais différente d'une manière qui n'était pas acceptable pour les autres. Souvent, je ne comprends pas les jeux auxquels les gens se livrent et je dois m'éloigner d'un danger perçu ou réel. J'ai passé la majeure partie de ma vie à me sentir mal à l'aise en tant que personne."

"La forêt, les champs et les cours d'eau étaient mes "chapelles" ; les fleurs étaient pour moi des miracles. Aujourd'hui, je considère mes études spirituelles comme mon travail. J'ai écrit une pièce qui met en scène les royaumes humains et elfiques ; ceux-ci se font la guerre au détriment de la Terre Mère. Je veux jouer, danser, chanter et suivre le chemin de mon cœur. Cependant, les lois de cette planète sont si lourdes que je me sens embourbée. Je veux être légère et lumineuse. Il y a une place dans ce monde pour la différence, surtout celle qui invite les autres à voir avec respect l'environnement dans lequel ils vivent."

"Les hybrides ont fait beaucoup de sacrifices en choisissant une existence humaine afin d'être utiles à Mère Nature. Toute l'humanité a besoin d'élever sa conscience et a besoin de tout le soutien de chaque source de Lumière."

LES GOBELINS

Ici Lloyd. *Les Gobelins et les Gnomes sont les cousins des Brownies et des Pixies. Les Gobelins adorent se moquer des autres et des situations. Et ils ont un sens de l'humour terriblement malicieux - ce qu'on appelle en Irlande « l'humour noir ». Si quelqu'un tombe et se casse la jambe d'une manière drôle... ce sera très amusant pour un Gobelin.*

Les Gobelins sont extrêmement doués pour vous tendre un miroir afin que vous puissiez voir votre vrai visage, mais pas toujours de la manière la plus agréable qui soit. Ce que je veux dire, c'est que vous ne pouvez pas vous cacher d'un Gobelin. Il peut voir votre plus grande faiblesse et considérer qu'il est de son devoir de vous aider à la surmonter.

Dans la pièce "Le Roi Lear", William Shakespeare s'est beaucoup inspiré des Êtres Élémentaux et, d'ailleurs, de nombreux hybrides Élémentaux ont été ses acteurs. En fait, dans une autre vie, Shakespeare a vécu dans notre monde Élémental. Quoi qu'il en soit, l'un des personnages du Roi Lear est le Fou du Roi, qui dit toujours au roi une vérité dérangeante sur ses filles et sur d'autres personnes. Ce Fou est un hybride Gobelin et, dans la période que vous, les humains, appelez le Moyen-Âge, les hybrides Gobelin trouvaient souvent du travail en tant que bouffons en raison de leur incroyable capacité à imiter les autres à la perfection. C'est l'un de leurs plus grands talents.

Les Gobelins sont les plus rapides de tous les Êtres Élémentaux. Ils sont les plus rapides à se déplacer et aussi à se faire une idée. En tant qu'hybrides dans le monde humain, ils font de magnifiques gymnastes grâce à leur grande agilité et à leur équilibre, et sont d'excellents jongleurs grâce à leur bonne coordination œil-main.

Comme les Trolls, les Gobelins n'ont souvent pas bonne réputation dans les histoires de vos enfants. Les hybrides Gobelin peuvent donc ne pas faire confiance aux autres et vouloir se protéger en utilisant leur langue aiguisée comme une arme. *Les hybrides Gobelin sont généralement petits – à l'échelle humaine- ils sont souvent frêles et ont des bras et des jambes minces, qui paraissent assez longs par rapport à leur taille.*

Les hybrides Gobelin peuvent faire des choses scandaleuses comme tirer la langue aux gens ou faire des grimaces comiques. Ils ont une souplesse qui permet à leur corps et leur visage de se contorsionner en de nombreuses formes – quelque chose qui ferait horreur à un Elfe Royal.

Sur le plan relationnel, les hybrides Gobelin peuvent vouloir beaucoup de beaux partenaires sexuels parce qu'ils ne se trouvent pas très beaux eux-mêmes. Ils se sentent souvent mal aimés et incompris. Cependant, leur mission de vie implique qu'ils développent une plus grande loyauté, qu'ils soient plus aimables et qu'ils s'engagent à rester dans une situation ou avec quelqu'un, même si c'est ENNUYEUX. Ce sont des qualités que les humains admirent, mais qui n'ont pas la même valeur dans le monde des Êtres Élémentaux. C'est pourquoi les hybrides Gobelin doivent faire preuve d'une grande volonté pour les mettre en pratique. Mais, comme ils ont plus de volonté pour arriver à leurs fins que la plupart des Élémentaux, ils peuvent s'atteler à cette tâche sans difficulté.

🜚 Hybride Gobelin : HANS

"Enfant, je suis né avec un nez crochu. C'est peut-être une relique du Fou, car dans ma vie actuelle, je me souviens d'incarnations passées où j'étais le bouffon d'un roi. Ma mère a caressé mon nez avec amour pendant des heures pour lui redonner une forme droite. Si je plie mon nez aujourd'hui, je retrouve le sentiment d'être tordu, de ne pas être à ma place, d'être au bas de l'échelle sociale. Van Gogh s'est peut-être coupé l'oreille parce qu'il se sentait lui aussi de travers."

"Sexuellement, je suis facilement excité, puis cela s'estompe rapidement. J'ai eu du mal à résoudre la contradiction entre une sexualité libre et la loyauté envers un partenaire. J'ai souvent changé de partenaire et j'ai eu des attirances érotiques que j'ai étouffées par honte, probablement parce que, dans une vie antérieure, j'étais ascète dans un monastère."

"J'ai de nombreux centres d'intérêt, mais je me lasse vite. Le plus grand enjeu dans ma vie est la tension entre le désir et le besoin - d'une part, expérimenter un lien plus profond, une relation de gratitude, un attachement à des lieux et à des personnes - et d'autre part, comprendre la résistance à tout cela, vivre l'indépendance, être un esprit libre, exprimer mon enthousiasme, essayer de nouvelles approches spirituelles, et ne pas m'ennuyer rapidement. Pour apprendre à équilibrer ces deux choses, j'ai choisi d'être jardinier professionnel et j'ai travaillé pendant plus de vingt ans dans un environnement hospitalier rigide."

"J'ai une mauvaise mémoire et une faible concentration pour les choses mentales ennuyeuses, mais j'ai une connaissance profonde de ce qui est vrai. J'ai un grand désir d'honnêteté et d'authenticité, j'aspire à découvrir des vérités profondes et à guérir la Terre. Ce désir est plus fort que celui de guérir des individus. J'ai une nature contradictoire : un esprit libre avec le besoin de trouver un maître (mais pas un gourou)."

"En raison de ma nature hybride, j'ai des difficultés à gérer les réalités matérielles parce qu'elles ne sont pas aussi importantes pour moi que celles de l'esprit. Je crains aussi la relation et l'engagement et je me sens souvent impuissant. Je reconnais les autres hybrides Élémentaux ; mes rencontres avec eux sont comme une immersion dans un champ commun qui crée en moi une grande nostalgie du royaume perdu, et un sentiment que quelque chose est retiré de mon corps. C'est une douleur comparable à celle d'une mauvaise grippe."

"J'ai un sens artistique créatif et spontané, et je peux tendre un miroir aux gens avec humour et leur apprendre que rien ne doit être pris au sérieux. Ma mission est d'établir une connexion avec le côté spirituel de Mère Nature, de la servir et de la faire participer à la guérison des gens."

LES TROLLS

Et maintenant les Trolls. *Les trolls sont les hommes forts des Êtres Élémentaux et ils aiment travailler avec des pierres. Beaucoup d'humains ont entendu des histoires peu flatteuses sur les Trolls dans leur enfance et sont enclins à ne pas les aimer. En général, les Trolls et les hybrides Troll vous aiment ou ne vous aiment pas. Ils voient beaucoup de choses, mais ne disent pas grand-chose. Ils sont vraiment du genre fort et silencieux. Et parfois, lorsqu'ils parlent, c'est pour se plaindre de quelqu'un ou de quelque chose. Mais ce n'est pas une plainte sérieuse... c'est plutôt la façon dont nous, les hommes, aimons dire des choses désobligeantes sur ceux et celles que nous aimons. C'est ainsi que les Trolls aiment communiquer, et nous, les Leprechauns, nous nous entendons très bien avec eux.*

Pour rendre justice à Tanis, elle apprécie beaucoup les Trolls car ils sont honnêtes et justes. Elle a une amie, une hybride Troll, qui a fait des tournées dans le monde entier avec elle. Tanis lui demandait parfois : "Alors, comment ça se passe ?" Naturellement, Mary (ce n'est pas son vrai nom) se plaignait de quelque chose ou de quelqu'un. Mais à quoi s'attendait Tanis en posant cette question à une hybride Troll ? Offrir aux Trolls une occasion de se plaindre, c'est comme si on faisait miroiter de l'argent sous le nez d'un Leprechaun.

Quoi qu'il en soit, Tanis a vite remarqué une étincelle dans les yeux de Mary et a compris que c'était sa façon de communiquer. C'est souvent la façon de faire des Trolls.

Les Trolls sont généralement des solitaires, mais ils sont aussi de grands protecteurs de ceux qu'ils aiment ou admirent. Si vous êtes un hybride Troll, ou si vous en avez un comme ami, ils vous seront très loyaux, et seront même les protecteurs de vos amis au caractère plus doux qui pourraient être exploités. En outre, il est possible que les hybrides Troll veillent sur les choses tout comme sur les humains. Par exemple, ils peuvent être attirés par les livres ou encore ils peuvent protéger les vieux bâtiments de la démolition. Physiquement, les Trolls sont généralement grands, même en tant qu'hybrides, et ont généralement une carrure trapue et forte.

L'un des plus grands apprentissages des Trolls et des Gobelins consiste à faire confiance aux autres, en particulier aux humains. Comme aucun de ces hybrides ne correspond à la définition que les humains se font de la beauté, ils souffrent souvent d'un complexe d'infériorité qui les rend facilement irritables. Chez les hybrides Gobelin, cela peut conduire à des propos acerbes tandis que les Trolls se tiennent souvent à l'écart des personnes qui ne semblent pas les apprécier à leur juste valeur. Les hybrides Troll doivent apprendre à pardonner et à oublier les injustices du passé. C'est difficile pour eux car ils ont un cœur sensible et peuvent être facilement blessés par quelqu'un ou quelque chose.

Hybride Troll : BETTY

"Mes parents étaient tous deux plus grands que la moyenne, mes deux frères sont également grands, mais moi, je suis petite. J'ai toujours su que je ne changerais pas de nom de famille. J'ai toujours été attirée par les individus de mon propre genre et je ne me suis jamais vraiment sentie à ma place dans la société. Les livres ont toujours été d'une grande aide pour moi et je

lis depuis l'âge de trois ans. Je m'attends à recevoir de l'amour
et j'en donne, mais je dis souvent des choses que les gens ne
comprennent pas. Je me sens souvent incomprise lorsque je
parle, et parfois les gens me regardent comme si j'étais cinglée.
J'ai tendance à prendre les choses personnellement."

"Je peux lire dans les gens facilement et voir les détails de
leur personnalité. Je suis impatiente, j'ai parfois une attitude
"moi d'abord" et, étant sûre de moi, j'obtiens souvent ce que
je veux. Je garde des amis ou amants tout au long de ma vie ;
c'est important pour moi de rester en contact avec eux. Même
si je perds le contact avec certaines personnes pendant des
années, je les retrouve au bon moment dans ma vie."

"La nature est très importante pour mon sens de la plénitude spirituelle. Je m'intéresse à divers aspects de toutes les
religions, mais je ne me suis jamais sentie à l'aise avec le christianisme traditionnel."

LES ELFES

Tanis pense que je ne suis peut-être *pas en mesure de donner une
aussi bonne description des Elfes qu'elle (étant peut-être un peu sévère
avec eux), alors elle souhaite prendre le relais maintenant. Je reviendrai
plus tard.*

Les Elfes constituent peut-être le groupe le plus important
d'hybrides Élémentaux à être entrés dans l'évolution humaine. La tâche
de nombreux hybrides Elfe consiste à apprendre à s'occuper d'eux-mêmes,
à être indépendants et à fonctionner pleinement dans le monde des

humains. Les hybrides Elfe sont très sensibles à leur environnement et ne peuvent pas supporter trop de stress ou de responsabilités.

Vincent Van Gogh, par exemple, était probablement un hybride Elfe et ses dons comme ses difficultés sont typiques des hybrides Élémentaux. Van Gogh pouvait voir et entendre des choses que les autres ne pouvaient pas voir, ce qui l'a aidé à devenir un grand peintre. En revanche, il était mentalement instable. Il avait du mal à vivre en tant qu'humain avec les perceptions qu'il avait continuellement du monde Élémental.

Comme d'autres hybrides Élémentaux, il est entré dans l'évolution humaine pour apprendre le libre arbitre et l'amour inconditionnel. Van Gogh a exercé sa volonté de nombreuses façons, y compris en décidant de s'ôter la vie. C'était regrettable, car la Loi Divine ne cautionne pas le suicide. Les hybrides Elfe sont attirés par l'idée de mettre fin à leur vie, et peuvent le faire parce qu'ils ne veulent pas vieillir ou perdre leur beauté ou leurs capacités physiques. Dans le monde Élémental, même lorsque les elfes sont très âgés, ils sont toujours en pleine possession de leurs moyens. C'est très différent des humains, qui perdent généralement leur force physique et d'autres capacités avec l'âge. La vie de Van Gogh illustre bon nombre de difficultés qui surviennent lorsque les Êtres Élémentaux passent de l'évolution élémentaire au monde humain et confondent les normes et les lois de ces deux évolutions différentes.

Tous les types d'hybrides Élémentaux doivent se prémunir contre les dépendances. Ils peuvent devenir dépendants très facilement - de l'alcool, des drogues, des cigarettes, du sexe, de la nourriture, ou d'une combinaison de tout cela. S'ils recherchent des substances psychotropes, c'est parce qu'ils s'ennuient très vite. Dans le monde Élémental, si vous vous lassez de votre environnement ou de la situation en cours, il vous suffit de penser à un autre costume ou à un autre décor pour qu'il apparaisse ! Dans le monde humain où cela ne se produit pas, on s'ennuie assez rapidement. Bien que tous les types d'hybrides Élémentaux puissent avoir ce problème, les Elfes et les Leprechauns sont particulièrement enclins à la dépendance.

Il existe deux types principaux d'Elfes : les Elfes Royaux et les Elfes de la Forêt.

LES ELFES ROYAUX

Les Elfes Royaux constituent la classe dominante des Élémentaux, et les hybrides femmes et hommes sont le plus souvent beaux et charismatiques. Ils sont généralement grands et minces, avec un physique classique, une belle peau, une chevelure souple, de grands yeux, un visage triangulaire et parfois même des oreilles légèrement pointues.

S'il y avait trente personnes dans une pièce, il y a de fortes chances que votre regard soit attiré par l'hybride Elfe Royal. Cela pourrait être, par exemple, quelqu'un qui ressemble à deux personnages créés par David Bowie. Le premier était Ziggy Stardust et le second était le roi des Gobelins dans le film Labyrinthe, un personnage qui portait l'essence d'un Elfe Royal. Les hybrides Elfe Royal sont attirés par les arts, la musique, la danse, la peinture, le théâtre, l'écriture et la fabrication de vitraux. Créatifs, ils enrichissent le monde humain plus que n'importe quel autre hybride.

Les hybrides Elfe Royal ont souvent le sentiment d'avoir droit à certains privilèges. Ils aiment qu'on s'occupe d'eux et il est peu probable que ce soit eux qui fassent la vaisselle. Ils sont si charmants qu'on a envie de faire quelque chose pour eux afin d'être aimé d'eux. Les hybrides Elfe sont attirés par la beauté et ne font souvent pas leur âge. Ils sont toujours beaux à un âge avancé, même si eux ne le pensent peut-être pas. En raison de leur beauté physique et de l'importance qu'ils accordent à la beauté chez eux et chez les autres, ils ont souvent du mal à accepter de vieillir. Les hybrides Elfe, en particulier les hybrides Elfe Royal, sont androgynes et souvent bisexuels, même s'ils n'agissent pas toujours selon ces inclinations.

Bien que je parle des difficultés et des talents de chacune de ces évolutions hybrides, n'oubliez pas qu'elles peuvent aussi apprendre à développer d'autres qualités. Un hybride Elfe Royal, par exemple, au lieu de se concentrer uniquement sur sa beauté, pourrait créer une belle atmosphère dans sa maison et cuisiner de bons petits plats pour que les gens se sentent bien comblés en sa présence.

✿ Hybride Elfe Royal : DEVON

"Je n'ai jamais vraiment maîtrisé la nature possessive, comparative, mécaniste et calculatrice des humains. Mon métabolisme mental est un peu lent, mais mon métabolisme physique est très rapide. La plupart des gens sont surpris par ma jeunesse. Je pense que je suis une personne au développement tardif, qui attend encore de grandir et de devenir adulte, qui n'est pas très sophistiqué dans les manières du monde, mais qui peut le paraître en jouant et en incarnant différentes sous-personnalités. Dans mes deux lignées parentales, il y a des membres de la famille qui ont vécu plus de cent ans ; ma mère et ses trois sœurs ont toutes vécu plus de quatre-vingt-dix ans. Je suis quelque peu androgyne et narcissique, bien que le mariage m'ait apprivoisé et m'ait permis d'être plus en sécurité dans ce monde."

"Depuis mon plus jeune âge, j'éprouve un amour démesuré pour la nature. J'ai un lien immense avec elle et le sentiment d'une plénitude à son contact. Un jour, j'ai joué le rôle de Monsieur Rat dans Le vent dans les saules ; je devais conduire la Taupe dans un bois où le Dieu Pan apparaissait et je devais faire preuve d'admiration devant cette divinité. J'ai été bien choisi pour ce rôle. Il y a trois semaines à peine, alors que je lisais cette partie du livre à des amis, j'ai fondu en larmes en me remémorant cette expérience très forte."

"J'aime prendre la parole et jouer du piano, du violon et de l'accordéon en public. Le travail principal de ma vie a été de concevoir et de réaliser des vitraux pour des bâtiments publics et privés, en travaillant directement avec la lumière colorée - avec la lumière et l'obscurité réelles (et non simulées). Et récemment, j'ai commencé aussi à créer des peintures au pastel."

Hybride Elfe Royal : KEVIN

"Je suis mentalement très agile… je possède une bonne capacité de perception et suis persévérant et assez créatif dans l'improvisation, l'art, la musique et dans le domaine de l'humour. Sur le plan spirituel, j'ai une conscience profonde et constante de ma relation avec l'Univers. Les difficultés que j'ai rencontrées et qui sont liées à mon héritage elfique sont le perfectionnisme, l'impatience, une nature rebelle et un mépris de l'autorité. La plus grande leçon que j'ai retenue en tant qu'hybride est d'avoir de la compassion pour la nature humaine et de chérir ma propre nature."

Hybride Elfe Royal : INGRID

"Je suis sensible sur les plans émotionnel, mental et spirituel. J'aime la beauté de la nature et, enfant, je collectionnais de jolies pierres qui étaient comme des trésors pour moi. J'ai même construit un cimetière pour les insectes, je les ai enterrés dans de petites boîtes d'allumettes en guise de cercueils et j'ai fabriqué de petites pierres tombales et des croix en bois. Je parlais avec différents animaux et plantes. Pour chacune des saisons, je construisais un autel afin de remercier Mère

Nature pour ses dons. Pendant des heures, je m'asseyais dans la balançoire et je chantais des chansons connues et inventées."

"J'adorais le monde des contes de fées et des mythes et je voulais en faire partie. Je me sentais comme une petite princesse, je m'habillais et me comportais comme telle. J'ai même cuisiné des plats fantastiques à base de plantes et d'herbes pour les personnes malades afin de les aider à se rétablir."

"Adolescente, j'aimais m'habiller de manière élégante et originale, j'ai travaillé comme mannequin pendant mes années d'études et j'ai même remporté un concours de beauté en tant que "la plus belle femme de Munich". Cet aspect est resté important pour moi jusqu'à l'âge de cinquante ans."

"Je suis créative, j'écris des chansons et j'aime faire de la musique et chanter. Mon mari, également Elfe Royal, et moi avons souvent des problèmes avec d'autres personnes parce que nous protégeons la nature contre les produits chimiques, la pollution, la destruction et le manque d'amour. Nous avons un grand jardin, nous parlons avec de nombreux esprits de la nature (pierres, plantes et différents animaux), nous nourrissons les animaux, les abritons et les protégeons. Même notre chat et notre chien sont vraiment particuliers et pleins d'amour dans leur contact avec les gens et les autres animaux."

"Nous avons une connaissance approfondie de la relation entre le monde spirituel et le monde physique. De là découle la question suivante : Que pouvons-nous rendre au monde en échange du cadeau que représente notre naissance sur Terre ? La plus grande leçon, que nous avons apprise en tant qu'hybrides, a été de découvrir les nombreuses dimensions du monde, de parler aux différents esprits et de nous sentir un instrument de Dieu et du monde spirituel pour aider les autres êtres."

LES ELFES DE LA FORÊT

De nombreux traits propres aux Elfes Royaux s'appliquent aux Elfes de la Forêt, notamment une tendance aux addictions. Mais il existe également des différences physiques et de personnalité entre ces deux types d'hybrides Elfe.

Les Elfes de la Forêt ont tendance à être un peu plus petits que les Elfes Royaux et ne sont peut-être pas aussi charismatiques. Dans une forêt, il est préférable de se fondre dans la nature et de se camoufler plutôt que de se démarquer et d'être remarqué comme le sont les Elfes Royaux. Les hybrides Elfe de la Forêt préfèrent porter des vêtements dans des tons naturels de vert et de brun. La nature est très importante pour eux ; ils aiment le jardinage biologique et ils s'occupent volontiers des arbres. Les hybrides Elfe de la Forêt peuvent également être attirés par une carrière d'acteur ou d'actrice, bien qu'ils ne cherchent pas tant à paraître beaux qu'à se camoufler dans les personnages qu'ils interprètent.

Tous les Elfes de la Forêt, qui ont raconté leur histoire, ont parlé de leur amour des arbres et des forêts.

Hybride Elfe de la Forêt : MOLLY

"J'ai eu la chance de vivre près de la nature pendant la majeure partie de ma vie d'adulte. Plusieurs fois par semaine, je me promène dans la forêt près de chez moi, je m'assois au bord de la rivière et je prie pour le bien-être de la nature. Il est très important pour moi d'être dans la nature et il me tient à cœur de la protéger. Lorsqu'une inondation dans ma ville a ravagé la forêt devant mon balcon, j'ai voulu maintenir l'énergie et l'espace pendant que Mère Nature retrouvait son équilibre.

Même si mon immeuble a été évacué pendant plus d'un mois, je me rendais régulièrement dans mon appartement pour m'asseoir et prier pour que les arbres, les animaux et les plantes se rétablissent rapidement."

✿ Hybride Elfe de la Forêt : SEAN

"Pour moi, être créatif est essentiel. J'aime les plantes et les herbes et je les regarde pousser avec plaisir. J'ai pris l'habitude de les récolter en harmonie avec les phases de la lune et d'en faire des œuvres d'art. J'aime être dans la nature, surtout dans les bois. Je ne suis pas vraiment un homme de plage ; je préfère de beaucoup être à l'ombre sous un auvent, même sous la pluie. Il y a une vingtaine d'années, lorsque je suis arrivé à Vancouver et que je connaissais peu de gens, je faisais de longues promenades, seul dans le parc Stanley. Un jour, j'ai découvert une vieille souche d'arbre. En fait, "souche" est plutôt un euphémisme ; il s'agissait des restes d'un arbre qui avait été sûrement magnifique. Je l'appelle "First Cut" (première coupe) parce que si vous le regardez d'un côté, là où les bûcherons ont fait une entaille droite et profonde dans le tronc pour pouvoir l'abattre, vous remarquez que la marque de leur première coupe a laissé un contour de visage bien défini sur l'écorce."

"Quoi qu'il en soit, depuis lors, plusieurs fois par an, je me retrouve dans le parc assis sur cette souche qui se décompose lentement et qui mesure environ douze pieds (3,5 mètres) de haut et au moins cinquante pieds (15 mètres) de circonférence. "First Cut" est toujours là, spirituellement, observant les arbres plus récents et de seconde génération qui l'entourent au fur et à mesure de leur croissance. En raison de la taille de sa souche, « First Cut » était manifestement le plus grand arbre de cette partie de la forêt, et je sens que c'est un arbre mâle, le père. Je lui fais des offrandes de tabac et parfois de pièces de monnaie. Aussi étonnant que cela puisse paraître, mes rituels ne me semblent pas étranges, et le temps que je passe là-bas, qu'il pleuve ou qu'il fasse beau, me recharge toujours."

"First Cut" n'est pas triste, et parfois il me permet de voir ce qu'il a vu du haut de son sommet. Il me rappelle toujours le temps, la stabilité et l'interrelation des choses. Même s'il n'est plus le géant de la forêt, il est quand même bien vivant et y exerce toujours une forte influence."

Je dois admettre que *Tanis a fait un excellent travail en décrivant les Elfes dans toute leur splendeur... cependant... j'ai quelque chose à ajouter ! Les Elfes peuvent être un peu superficiels, ce qui pose un problème dans le monde humain lorsqu'ils y entrent en tant qu'hybrides. Vous, les humains, tombez immédiatement sous leur charme, comme les enfants le font pour les friandises, mais vous êtes toujours déçus lorsqu'ils vous quittent ou ne tiennent pas leurs promesses (contrairement aux Leprechauns, d'ailleurs). Cependant, pour être juste, les anciens Elfes, les Maîtres, comme vous pourriez les appeler, qui entrent dans votre monde le font pour développer la compassion, la tolérance, le pardon et l'engagement. Lorsqu'ils acquièrent ces qualités, c'est une joie de les voir et ils font la fierté de tous les Êtres Élémentaux. Revenons maintenant à ma co-auteure Tanis.*

LES DÉVAS DE L'ARBRE

Un autre hybride terrestre intéressant est le Déva de l'Arbre.
Les Dévas sont des êtres qui vivent dans les arbres et leur donnent
une conscience, tout comme les êtres humains ont une âme qui leur
donne une conscience. Les druides parlaient d'arbres sacrés tels que le
chêne, l'if, l'aubépine et le houx. En reconnaissant leur caractère sacré,
les Druides reconnaissaient leur conscience évoluée.

Un vieil arbr e peut être très sage. Un jour, j'ai rencontré un arbre qui
avait plusieurs centaines d'années et je lui ai demandé : "Qu'as-tu appris
au cours de ces centaines d'années ?" Le Déva de l'Arbre a répondu :
"À rester au même endroit et à apprendre tout ce que je dois savoir."
Il arrive qu'un Déva de l'Arbre évolué décide d'entrer dans l'évolution
humaine. Et pourquoi un Élémental ou un Déva de l'Arbre voudrait-il
devenir humain ? Parce que les humains sont les créateurs sur cette
planète et que les Dévas de l'Arbre veulent être des créateurs à part
entière, ce qui signifie apprendre à utiliser le libre arbitre comme le
font les humains.

Les hybrides Déva de l'Arbre sont là pour servir. Leur préoccupation
première est la santé et l'harmonie de la Terre, et cela est plus important
que leur intérêt pour les humains. Ils sont attirés par tous les domaines
qui se préoccupent de l'environnement, comme le recyclage, le nettoyage
des rivières et les sources d'énergie alternatives, comme l'éolien et le
solaire. Mais leur véritable talent réside dans le travail avec les arbres.
Il est très probable que « *Tree People* », l'organisation internationale à
but non lucratif basée à Los Angeles, soit composée d'hybrides Déva
de l'Arbre, car leur mission est de soigner, de planter et de sauver les
arbres de l'abattage pour le bois d'œuvre.

Les Elfes de la Forêt et les Dévas de l'Arbre s'intéressant tous deux aux arbres, il peut être difficile, à première vue, de déterminer la différence entre ces deux types d'hybrides. La clé se trouve dans le service. Les hybrides Elfe de la Forêt veulent apprendre le libre arbitre et sauver l'environnement, mais leur engagement profond passera rarement avant leur propre bonheur ou bien-être. Les hybrides Déva de l'Arbre, quant à eux, se concentrent entièrement sur la sauvegarde de la planète au détriment de leur santé et de leurs relations. Pour cette raison, les hybrides Déva de l'Arbre doivent apprendre à préserver leur santé et à trouver l'équilibre et la joie de vivre dans le monde des humains.

Lloyd : J'aimerais ajouter ceci... *Tanis ne parle que des Dévas de l'Arbre, mais il existe bien d'autres types de Dévas. Pour commencer, il y a les Dévas de la Montagne, les Dévas de la Forêt qui s'occupent de forêts entières et les Dévas de l'Océan. Pour nous les Êtres Élémentaux, les Dévas sont l'équivalent de vos Anges. À certains égards, ils sont plus évolués que la plupart des Êtres Élémentaux et travaillent directement avec l'Esprit divin. Tout comme les Anges peuvent entrer dans l'évolution humaine pour aider les humains, les Dévas de l'Arbre, plus que les autres types de Dévas, peuvent entrer dans l'évolution humaine pour aider la Terre.*

Hybride Déva de l'Arbre : FIONA

"Je me sens comme un arbre, profondément enracinée dans la Terre Mère, et en paix lorsque je suis parmi les arbres. J'ai même de longues et fortes jambes qui rappellent les arbres, et sexuellement, j'aime le contact physique autant que l'orgasme."

"J'ai toujours eu l'impression d'être une « outsider » et, même aujourd'hui, je suis agacée par des discussions qui n'ont aucun sens. En vieillissant, c'est devenu plus facile, probablement parce que j'ai maintenant des amis qui me ressemblent davantage. Je vis en dehors du courant dominant. J'ai du mal à me sentir à l'aise dans les endroits bondés, comme les villes et les foules, et je suis très sensible à la violence sous toutes ses formes, en particulier envers les animaux. De plus, je n'aime pas l'eau profonde - faire une croisière ne correspond vraiment pas à mon idéal."

"Tout au long de mon adolescence, j'ai conversé avec une puissance supérieure et encore aujourd'hui j'ai des conversations quotidiennes avec l'Esprit divin. Dans des endroits calmes, j'entends des messages de la terre / de l'Esprit divin pour moi-même et pour les autres. Les gens sont attirés par moi car ils me perçoivent comme une force tranquille. Je sais écouter et je laisse de l'espace aux gens pour qu'ils se trouvent eux-mêmes et qu'ils vivent au mieux leur vie."

"Mon partenaire et moi avons aménagé notre domaine, deux acres et demi, y compris un petit bois, avec l'aide de l'énergie féérique qui est présente dans ce lieu. Nous partageons ici une vie saine et heureuse avec des êtres sensibles de la Terre et des êtres galactiques. Les visiteurs remarquent un changement significatif dans leur énergie lorsqu'ils franchissent la limite de notre propriété. Cela est dû en grande partie à notre état d'esprit, ainsi qu'à la présence d'énergie hybride."

CONSEILS UTILES POUR L'HYBRIDE ÉLEMENTAL

1. Soyez très prudent en ce qui concerne la consommation de substances addictives et/ou altérant l'esprit, car vous avez tendance à devenir dépendant.

2. Si possible, passez du temps quotidiennement dans la nature et envisagez de vivre à la campagne, à moins que vous ne soyez un hybride Elfe Royal, car dans ce cas, les villes vous conviennent parfaitement.

3. Faites attention à vos pulsions qui ne sont pas conformes à certains principes humains, telles que les relations extraconjugales. Apprenez à vous arrêter avant de céder à ces envies, sinon vous risquez d'avoir des ennuis.

4. Vous serez plus heureux si vous exercez un métier qui, selon vous, aide l'environnement ou la Terre.

5. Rappelez-vous les deux principales raisons pour lesquelles vous vous êtes incarné dans l'évolution humaine : apprendre à aimer et à utiliser votre libre arbitre de manière appropriée pour le bien de tous.

SECTION 2 :

LES HYBRIDES COUSINS HUMAINS

La catégorie suivante d'hybrides possède un ancêtre commun avec l'être humain. Elle comprend : le Peuple de la Terre intérieure, les Géants, le Peuple de la Mer et les Selkies, les Dauphins et les Baleines.

LE PEUPLE DE LA TERRE INTÉRIEURE

Dans les temps anciens - bien avant l'Atlantide, lorsque notre planète était encore enveloppée de brume, de nombreux peuples humanoïdes s'y développaient. L'un d'entre eux était les Hyperboréens. Ces derniers étaient connus sous de nombreux noms dans différentes cultures et mythologies, souvent basées sur des faits.

Dans la mythologie irlandaise, les Hyperboréens appelés Fomorii, ou encore Fomoires vivaient en Irlande à une époque ancienne. Les Tuatha Dé Danann, le peuple qui vivait en Irlande avant l'arrivée des Celtes, ont combattu les Fomoires et les ont vaincus.

Dans la mythologie grecque, ces mêmes Hyperboréens étaient désignés sous le nom de Titans ; les dieux olympiens de la Grèce les ont combattus et vaincus. Les dieux de l'Olympe étaient les Atlantes. Lorsqu'un cycle ultérieur de l'évolution humaine remplace un cycle antérieur, l'histoire de la culture antérieure est souvent perdue et diabolisée.

Il est temps de faire un peu d'histoire sur les Hyperboréens afin de mieux comprendre les dons qu'ils possèdent, à la fois en tant qu'Êtres de la Terre intérieure où ils vivent encore aujourd'hui, et en tant qu'hybrides entrés dans l'évolution humaine.

À l'époque de la préhistoire, il y a des centaines de millions d'années, lorsque les Hyperboréens vivaient à la surface de cette planète, ils étaient dépourvus d'individualité et ressemblaient davantage à des animaux sur les plans mental et émotionnel. Ils étaient capables de travailler avec les éléments de la Terre afin de manifester des corps de formes et de tailles diverses. Ils expérimentèrent la création de différentes formes, comme des pierres, et contribuèrent ainsi à rendre notre planète plus solide. Les sculptures et les dessins de la Mère Terre, que l'on trouve dans les cultures autochtones du monde entier, la montrent avec des proportions exagérées au niveau des hanches, du ventre et des cuisses, ce qui représente toute la force que détenaient les Hyperboréens dans la partie inférieure de leur corps.

Au cours de cette période ancienne, le Soleil a augmenté l'énergie qu'il envoyait vers la Terre et le brouillard a commencé à disparaître. C'est alors que les Hyperboréens ne purent plus vivre à la surface de la Terre. Ils se sont donc réinstallés à l'intérieur de la Terre. Actuellement, ils existent dans une dimension différente de la réalité de troisième dimension dont la plupart des humains sont conscients.

Les descendants des Hyperboréens vivent maintenant dans le cœur intérieur de la Terre et travaillent à l'évolution de la conscience terrestre. Leur évolution a suivi un chemin différent de celui des humains de la surface de la Terre, car ces Êtres de la Terre intérieure ont développé d'autres dons. Il existait aussi une certaine antipathie entre les habitants de la surface et ceux de la Terre Intérieure, ce qui les a amenés à se séparer.

Certains Êtres de la Terre intérieure sont devenus des hybrides afin de travailler plus directement avec les humains et de les aider à développer des technologies dans lesquelles ils sont très compétents. Ce sont des précurseurs qui préparent le terrain pour que les deux peuples se rencontrent à nouveau et travaillent ensemble dans le futur. Lorsque les humains évolueront vers des niveaux de conscience dans les quatrième et cinquième dimensions (ce qui se produit actuellement), ils découvriront l'existence du Peuple de la Terre Intérieure et les deux peuples travailleront ensemble pour le plus grand bien des autres espèces de la planète. Grâce à leur capacité à inverser la polarité, les êtres de la

Terre intérieure peuvent accueillir les OVNIS sur Terre, et l'un de leurs objectifs est en fait d'agir en tant que contrôleurs du trafic des OVNIS.

À la différence des Trolls, qui sont incroyablement forts et qui aiment travailler avec la pierre, les Êtres de la Terre Intérieure ont des corps mentaux puissants qu'ils utilisent pour travailler avec les éléments de la Terre. Ils sont capables de déplacer des pierres mentalement et ont montré aux anciens Atlantes, Égyptiens et Tuatha Dé Danann comment le faire en construisant leurs pyramides et leurs cercles de pierres. Quant aux hybrides de la Terre intérieure, grâce à leur engagement premier et à leurs qualités uniques, ils contribuent à l'évolution de la Terre en tant qu'être conscient. Ils ont une grande connaissance du règne minéral, y compris de minéraux qui sont inconnus des humains. Ils encouragent les minéraux et les pierres précieuses à se développer, tout comme les humains le font pour leurs enfants.

Les habitants de la Terre Intérieure comprennent mieux que les humains les principes du temps, de l'espace et de la gravité. En tant qu'hybrides, ils s'intéressent aux inventions de pointe qui sont bénéfiques pour la planète, comme l'aromathérapie, les diapasons thérapeutiques, les lasers et les cristaux. Ils s'intéressent aux énergies solaire, éolienne et hydraulique, ainsi qu'aux systèmes de chauffage alternatifs dont on ne parle pas beaucoup dans la culture générale. Dans leur propre dimension, ces êtres utilisent la télépathie, la lévitation et les lois avancées du magnétisme et de la gravité pour se déplacer et déplacer les autres dans le temps et l'espace sans l'aide de machines.

La polarité de la Terre Intérieure étant plus négative (yin) que celle de la surface de la Terre (charge positive yang), les talents des hybrides de la Terre Intérieure sont plus de nature yin. Ils préfèrent rester en arrière-plan et ont une personnalité plus introvertie, semblable à celle d'un ermite. En raison de leur aptitude à utiliser la polarité négative, ils sont particulièrement doués pour travailler avec le monde non-manifesté afin de donner forme à ce qui ne l'est pas.

Sur le plan spirituel, ces êtres sont très avancés. Les hybrides de la Terre Intérieure peuvent rechercher des enseignants spirituels et des livres qui traitent de l'Esprit divin. Certains hybrides de la Terre Intérieure ont été moines ou lamas au Tibet et dans d'autres hautes chaînes de montagnes.

Les hybrides de la Terre Intérieure ont généralement la peau claire et peuvent être chauves ou avoir les cheveux clairsemés. Par exemple, un hybride que je connais souffre d'alopécie, une maladie qui se traduit par la perte de tous les poils du corps. Les yeux des hybrides de la Terre Intérieure sont très différents de ceux des humains. Ils sont généralement de couleur claire et sont très sensibles à la lumière. C'est presque comme s'ils n'avaient pas d'yeux, ce qui explique qu'ils portent souvent des lunettes. Un albinos est souvent un hybride entre le peuple de la Terre Intérieure et les humains.

Les hybrides de la Terre Intérieure peuvent très bien vivre heureux tout en étant seuls. Ils ont un tempérament érudit et se lient davantage à leurs livres qu'aux humains. Un ami que je connais depuis plus de quarante ans est un hybride de la Terre Intérieure. Il décrit ses talents ainsi : "… je suis capable d'introspection, je suis indépendant, je fais de la recherche scientifique et je l'applique aux problèmes de la vie. Je suis un observateur de tout et de rien."

Je ne veux pas dire que les hybrides de la Terre Intérieure sont dénués d'amour, car ils ont à cœur d'aider tous les êtres de la Terre, mais en général, ils ne sont pas aussi personnellement dévoués aux individus que le sont d'autres hybrides, et n'ont donc pas de relations très étroites avec eux. Ils sont prudents avec les gens et ont de bonnes antennes pour déterminer si les autres sont dignes de confiance. Ils utilisent ce don à bon escient.

Les Êtres de la Terre Intérieure visitent *notre monde Élémental aussi bien que votre royaume humain. Nous avons même nos propres ambassadeurs. En fait, alors que pratiquement aucun humain n'a jamais eu de contact avec eux, ici ils sont bien connus. Ils travaillent avec tous les Êtres Élémentaux, en particulier avec nous les Leprechauns et avec les Trolls. Les Elfes les accueillent également souvent. J'ai travaillé étroitement avec l'un d'entre eux au fil des ans pour étudier les lois du magnétisme et de l'attraction.*

Bien sûr, cela ne me pose aucun problème de faire appliquer ces lois dans mon propre monde, mais en travaillant avec le monde humain qui est beaucoup plus dense, c'est plus difficile de le faire. Mon ambassadeur - je l'appelle Sam parce que vous ne pourriez jamais prononcer son vrai nom - m'a particulièrement aidé en me montrant comment dé-manifester dans des royaumes plus denses. Ainsi je suis maintenant en mesure de déplacer des Êtres Élémentaux de toutes les régions de la Terre pour qu'ils puissent travailler avec des humains en divers endroits.

Hybride de la Terre Intérieure : JANICE

"J'ai des problèmes de vue depuis mon plus jeune âge et je porte des lunettes depuis l'âge de sept ans. Mes yeux sont extrêmement sensibles à la lumière vive. Autrefois je trébuchais et tombais fréquemment. Je ne vois pas bien dans l'obscurité et j'ai besoin de lumière pour voir où je pose mes pieds, car j'ai peur de faire une chute lorsque je ne vois pas où je marche."

"Je ne suis pas douée pour le sport et je n'ai jamais eu envie d'en faire. J'aime me promener dans la nature et je peux marcher des kilomètres si le terrain est relativement plat. Je suis très sensible à la chaleur et au froid et je tolère mal les deux extrêmes, surtout la chaleur. Ma peau est très claire et je peux prendre un coup de soleil en quelques minutes."

"Étant donné que j'étais extrêmement timide lorsque j'étais jeune, je n'ai commencé à sortir et à découvrir la sexualité qu'à l'âge de vingt ans. Bien que j'aie souhaité vivre une relation amoureuse stable, cela ne s'est produit qu'à l'âge de trente ans environ, et c'est mon partenaire qui m'a beaucoup appris sur la communication et le plaisir."

"J'ai toujours été ext rêmement sensible sur le plan émotionnel. J'ai la capacité de sentir ce que les autres ressentent en observant leur langage corporel et le ton de leur voix, et aussi simplement en sentant leur énergie. Cela est parfois devenu assez envahissant et je ne savais pas toujours comment gérer la situation, alors je passais beaucoup de temps seule, loin des gens. Je trouvais du réconfort auprès des animaux de la ferme où j'ai grandi."

"Cela ne m'a pas toujours aidée, car je me suis sentie très isolée. Comme j'apprenais assez facilement à l'école et que je réussissais bien aux examens, j'étais perçue par mes camarades de classe comme une élève brillante, ce qui m'isolait encore plus. J'essayais d'être invisible et ne participais donc pas aux activités scolaires ni aux conversations de groupe."

"J'adorais lire, en particulier sur les animaux de toutes sortes, les fleurs, les pierres et sur la façon dont les choses sont liées et interdépendantes. Je lisais aussi tout ce que je pouvais trouver sur le surnaturel et les perceptions extrasensorielles.

"J'ai toujours eu un lien avec une puissance supérieure et j'ai grandi dans une famille qui allait à l'église tous les dimanches. Toutefois, j'ai ressenti une certaine incohérence entre ma conception des principes chrétiens et la façon dont les membres de ma communauté et de ma famille se traitaient les uns les autres. À la fin de la quarantaine, j'ai ressenti un profond désir de donner plus de sens à ma vie et j'ai commencé à suivre des ateliers sur la conscience de soi et la spiritualité.

Je me suis sentie attirée par un chemin spirituel aligné sur la nature et le respect de la Terre. J'ai eu l'occasion d'assister à des cérémonies spirituelles autochtones et lors de celles-ci, j'ai ressenti une forte émotion face à l'hommage et au respect qu'on rendait à la terre et à ses créatures."

"Je pense que ma plus grande leçon en tant qu'hybride est de développer la tolérance, le respect et la gratitude pour la diversité de la vie sur notre belle planète et de réaliser la façon dont chaque forme de vie a quelque chose à apporter à l'ensemble. J'ai une vue très vaste sur la vie et sur certains événements. Je suis souvent capable de voir et de comprendre des choses qui ne sont pas visibles pour la population en général et j'ai compris combien il est important de faire preuve de compassion et de diplomatie."

CONSEILS UTILES POUR L'HYBRIDE DE LA TERRE INTÉRIEURE

1. Votre nature étant introvertie, vous pourriez être tenté de vous retirer de toute interaction humaine et de devenir un ermite. Trouvez un équilibre de vie entre votre nature intérieure et le monde extérieur.

2. Comme vous êtes profondément attaché à la Terre, vous risquez d'être intolérant et impatient à l'égard de ceux qui ne le sont pas. Pratiquez la compassion.

3. Vous avez peut-être tendance à penser que vous en savez plus que les autres. Il y a une part de vérité dans cette affirmation, mais pratiquez l'humilité.

4. Étant donné que vous prenez les choses très au sérieux, vous avez peut-être besoin de vous détendre, de profiter de la vie et de développer votre sens de l'humour.

5. Il se peut que vos talents ne soient pas appréciés ou que votre sagesse ne soit pas reconnue, ce qui peut être frustrant. Prenez conscience des personnes qui vous apprécient et soyez reconnaissant envers eux.

LES GÉANTS

Alors que la plupart des Hyperboréens se sont installés dans la Terre Intérieure, d'autres ont décidé de s'adapter à la vie à sa surface et ont suivi deux voies.

Certains ont choisi des endroits reculés, non fréquentés par les humains, afin de pouvoir vivre en groupes isolés. Ils sont devenus les Sasquatchs (également connus sous le nom de Bigfoot - Grand pied) d'Amérique du Nord et les Yétis de l'Himalaya. Ces êtres sont plus forts, plus larges, plus grands (généralement entre neuf et douze pieds ou 2.5 m- 3.5 m) et plus poilus que les humains. Ils se déplacent et cherchent leur nourriture la nuit, lorsque la chaleur du soleil ne les dérange pas. Leurs yeux sont très sensibles à la lumière. Comme leurs prédécesseurs, ils pratiquent la télépathie et communiquent entre eux et avec les humains par ce moyen. L'esprit des Sasquatchs est si fort qu'ils sont capables d'effacer les souvenirs que les humains ont eus de leur rencontre avec eux.

Les contacts avec les Sasquatchs sont de plus en plus documentés par des enregistrements vidéo et audio. Comme les habitants de la Terre Intérieure, ils peuvent, s'ils le souhaitent, se rendre invisibles aux yeux des observateurs ; ils sont capables aussi de se déplacer dans une autre dimension où ils ne peuvent pas être vus.

J'ai eu la chance de rencontrer un Sasquatch dans les montagnes Rocheuses du Canada ; je me souviens aussi, il y a environ trente ans, d'avoir entendu Dyhani Ywahoo, une femme-médecine cherokee très respectée, raconter son expérience avec des Sasquatchs. Elle était dans la forêt la nuit et une famille de Sasquatch l'a emmenée dans son camp. Vous vous demandez peut-être si cela s'est passé dans la troisième dimension ou dans une autre ? Cela peut être l'une ou l'autre, ou les deux. Il en va de même pour les Êtres Élémentaux, certaines personnes les voient dans la troisième dimension, d'autres dans la quatrième.

Le deuxième groupe d'Hyperboréens restés à la surface de la Terre décida de se croiser avec les Atlantes et leurs successeurs. Ils devinrent des Géants. Dans l'Ancien Testament de la Bible, nous entendons parler d'eux lorsque David tua le géant Goliath. Les géants occupent une place importante dans les récits populaires de Cornouailles, du Pays de Galle et de la Bretagne. En Irlande, le héros légendaire Finn MacCool aurait été un géant. Même dans les années 1800, il y avait des récits sur des géants vivant à North Antrim, en Irlande du Nord. Les crânes trouvés dans cette région étaient trois fois plus grands qu'un crâne humain moyen. J'ai écrit dans le livre Pèlerinage avec les Leprechauns que notre circuit touristique était codirigé par un hybride Géant, qui nous a dit que la région d'Irlande où il avait grandi, était célèbre pour ses géants.

Les Géants étaient des hybrides des Hyperboréens restés à la surface de la Terre. Les Hyperboréens qui ont pénétré dans la Terre Intérieure sont devenus plus petits et ont atteint la taille humaine moyenne. La plupart des véritables géants ont disparu de la surface de la Terre. Cependant, comme pour les albinos, il existe parfois des retours à ces temps anciens. Il est plus courant pour un Géant d'être un hybride dans le monde humain d'aujourd'hui plutôt que de naître en tant que vrai Géant.

Une de mes amies suédoises, Wanja Twan, n'hésite pas à parler publiquement de son héritage Géant-Néandertalien. Elle s'est entretenue avec des habitants du sud de la Suède qui prétendent descendre des Géants. Elle pense que les Géants peuvent être apparentés aux Néandertaliens ainsi qu'aux Sasquatchs. Il est intéressant de noter que son mari a consacré sa vie à la recherche sur les Sasquatchs.

Wanja raconte : "Dans ma famille, mon grand-père pouvait soulever un chêne millénaire que cinq hommes ne pouvaient pas lever. Il crachait sur ses mains, les frappait l'une contre l'autre et on voyait des étincelles jaillir. Puis, après avoir soulevé l'arbre, il frappait à nouveau ses mains l'une contre l'autre." Wanja poursuit : "Moi-même, j'ai besoin de grandes chaussures et j'ai du mal à en trouver qui me vont. J'ai une grande tolérance à la douleur, j'ai beaucoup d'endurance et je peux me concentrer sur une chose pendant longtemps. J'aime m'allonger pendant des heures dans l'eau froide. Les Sasquatchs aiment aussi l'eau. J'aime marcher pieds nus et m'allonger dehors la nuit. J'ai une vision nocturne supérieure à la normale - ce qui est aussi le cas pour les Sasquatchs - ainsi je n'ai pas besoin d'allumer de lumière ou d'utiliser une lampe de poche pour voir."

Les hybrides Géant, tout comme les hybrides de la Terre intérieure, ont tendance à s'intéresser aux livres et à tout ce qui a trait à la Terre et à sa guérison. Ils n'aiment pas recevoir d'instructions des autres, étant plutôt du genre "je vais le faire à ma façon". Ils sont généralement plus grands et plus forts que l'humain moyen et ils ont une plus grosse tête. Les hybrides Géant se sentent souvent mal à l'aise dans leur corps, comme s'ils n'étaient pas à leur place parmi les personnes plus petites qui les entourent.

Ils se sentent souvent mal aimés ; rappelez-vous que dans certaines mythologies, les humains ne sont pas tendres avec les Géants. Malgré leur grande taille, ils sont souvent oubliés ; inconsciemment, ils essaient de se faire plus petits pour s'intégrer et ne pas être intimidants. Ils sont gentils par nature.

Ils doivent apprendre à être fiers d'eux-mêmes et à trouver des alliés qui les aiment et les apprécient pour ce qu'ils sont. Lorsqu'ils commencent à être plus à l'aise avec les humains, les hybrides Géant montrent leur sens aigu de l'observation des autres et du monde qui les entoure, en particulier du monde naturel. Étant restés à la surface de la Terre lorsque leurs ancêtres sont allés dans la Terre Intérieure, les hybrides Géant sont, à bien des égards, plus proches des humains que les autres hybrides.

Leur atout réside à la fois dans leur force intérieure et extérieure. En tant qu'hybrides, ils sont très probablement plus grands et plus costauds que la moyenne des gens et ils veillent à ce que les gens respectent ce qu'ils ont à dire.

Lloyd : Me voici à nouveau. *Les Géants n'ont jamais quitté notre royaume Élémental et nous nous entendons très bien avec eux. C'est l'une des principales différences entre vous, les humains, et nous, les Êtres Élémentaux. Nous aimons la diversité des êtres et vous, les humains, vous voulez vous débarrasser de tout ce qui n'est pas comme vous. J'ai touché juste, n'est-ce pas?*

Tous nos Géants ne sont pas doués, peut-être parce que nous n'avons pas veillé à ce qu'ils se développent suffisamment, mais bon ça va. Nos enfants adorent jouer avec eux et nos jeunes mâles leur donnent parfois un peu de fil à retordre en étant audacieux et en les poursuivant, mais il n'y a pas de rancune. Ensuite, nos dames offrent à ces géants malmenés un bon repas - ils sont particulièrement friands de miel - et tout s'arrange jusqu'à la prochaine fois.

⟨⟨ Hybride Géant : ROBERT

Robert se sent à l'aise de penser qu'il a des gènes de Géant et de Néandertalien et qu'il pourrait également avoir un héritage du Peuple de la mer. Comme Wanja, il a une forte ossature, une très grosse tête et des sourcils épais.

"Wow, comme tu es grand ! Quelle est ta taille ?" J'entends souvent ce genre de question lorsque je sors en public... dans les files d'attente des magasins ou de la banque, lors de fêtes ou dans le bus. Du haut de mon mètre quatre-vingt-dix, je suis facile à repérer dans la foule. Ces questions ne me dérangent pas vraiment, car être grand est apprécié dans cette société.

Les gens ont tendance à penser que l'on fait un bon leader, que l'on est fort et plus intelligent quand on est grand. Tout cela est vrai, bien sûr ! En tant que possible hybride Géant/Peuple de la Mer, j'ai une attitude de supériorité qui s'avère souvent juste lorsque j'ai affaire à certaines (beaucoup) personnes (sourire)."

"Je n'ai jamais vraiment eu l'impression d'être à ma place dans la société et parmi les humains. Je suis un introverti qui préfère être seul la plupart du temps... loin des autres humains. Mais je ne suis jamais seul, car il y a toujours une multitude d'êtres merveilleux avec qui je peux passer du temps. Depuis mon enfance, mes passions et mes perceptions sont différentes de celles de la plupart des gens. J'ai toujours été un adepte de la nature, fasciné par les animaux, les plantes, les roches, l'eau, la géographie et le temps. J'ai toujours eu un lien profond avec la Terre et tous les êtres qui y vivent. Dans mon enfance plusieurs de mes meilleurs amis étaient des animaux. Maintenant, j'explore ma capacité à communiquer télépathiquement avec d'autres êtres. Cette connexion m'apporte beaucoup de joie."

"L'eau et tous les êtres qui vivent dans l'eau ont toujours exercé une fascination magnétique sur moi. J'ai l'impression de porter en moi un héritage du Peuple de la Mer. Je suis photographe/vidéographe sous-marin et défenseur des écosystèmes aquatiques. Chaque fois que j'ai vécu loin de l'eau, je n'ai pas aimé l'expérience. J'ai besoin d'être près de l'eau, sur l'eau et dans l'eau. Je dois nager souvent pour me sentir pleinement en forme. Lorsque je ne peux pas être dans l'eau, ce besoin est comblé en faisant du kayak, du canot ou de la voile. J'ai déjà fait de la randonnée et de l'escalade en montagne avec des amis, mais je me suis inévitablement retrouvé à nager dans de minuscules étangs avec des salamandres aquatiques, ou à passer ma tête sous des torrents tumultueux en haute montagne pour observer des têtards de grenouilles à queue (Ascaphus -tailed frog) fixés aux rochers.

Pour toutes ces raisons, je pense avoir à la fois un bagage héréditaire du Peuple de la Mer et de Géant."

"La spiritualité est également une passion depuis l'enfance. J'ai été ministre chrétien pendant un certain temps (avec deux diplômes en théologie) en raison de cette aspiration à me relier à Dieu et à la création et aussi pour aider les autres à faire ce lien. Aujourd'hui, ma spiritualité est beaucoup plus ouverte et aucune structure religieuse ou dogme ne me suffit. Le contact avec des idées, des philosophies, des croyances et des mythologies m'intéresse, tout comme les technologies véritablement vertes qui utilisent les énergies de la Terre. Je suis un militant écologiste qui protège les systèmes de soutien à la vie humaine et qui défend les loups, les saumons, les arbres et les rivières qui n'ont pas voix au chapitre dans les politiques, les entreprises, les religions ou les tribunaux ! J'ai même passé du temps en prison à cause de cela."

"Je ne peux pas comprendre la stupidité de cette société qui s'acharne à se détruire et à détruire la Terre. C'est de la pure cupidité de croire en la supériorité des humains. Nous justifions ainsi notre domination sur tout ce qui semble en dessous de nous, que ce soit ceux qui sont plus bas sur l'échelle sociale, ou lorsque l'on considère les forêts, les minéraux, les plantes, les animaux, l'eau et le vent comme de simples ressources physiques brutes à notre disposition.

J'ai le sentiment que mon esprit et mon âme se sont incarnés de nombreuses fois sous diverses formes physiques sur la Terre. Je me sens vraiment chez moi ici. Je n'ai aucune envie de quitter la Terre pour les étoiles ou un paradis imaginaire. Le paradis est sur Terre : Il suffit de s'en rendre compte et d'évoluer consciemment en intégrant l'esprit et la forme physique."

CONSEILS UTILES
POUR L'HYBRIDE GÉANT

1. Le souvenir que les humains ne sont pas dignes de confiance est enregistré dans votre être, développez plutôt la compassion et le pardon pour les aider.

2. Il se peut que vous vous mettiez rapidement en colère ou que vous vous sentiez facilement offensé. Ne prenez pas tout personnellement.

3. Soyez fier de votre unicité au lieu d'essayer de vous fondre dans la masse.

4. Vous pouvez attirer plus d'abeilles avec du miel, alors utilisez le charme et l'humour plutôt que le reproche.

5. Vous avez une profonde intuition, des dons télépathiques et psychiques. Personne ne peut vous mentir. Ces dons seront appréciés dans un futur proche par l'humanité.

LE PEUPLE DE LA MER

On pense généralement qu'il existe quatre grands groupes humains : Les Blancs, les Noirs, les Jaunes et les Rouges. Cependant, un autre groupe évolue sur la Terre, dont les racines remontent aux temps les plus reculés et dont l'histoire se retrouve dans nos mythes. Il s'agit de la race Verte, dont les Sirènes et les Tritons en sont les représentants.

Pour rendre justice aux hybrides du Peuple de la Mer, il est nécessaire de réfléchir aux mythes collectifs dont ils font l'objet. Dans les mythes et récits écossais et irlandais, les "Merrows" sont décrits comme ayant une nature douce, gentille et loyale. On raconte qu'il y a longtemps, lorsque les Milesiens débarquèrent pour la première fois en Irlande, des Êtres de la Mer nageaient à côté de leurs navires pour les saluer. En Finlande, on dit que le Peuple de la Mer peut exaucer les vœux et guérir les maladies. Ces Êtres marins sont connus dans le monde entier, de la Sirena des Philippines à la Reine des sirènes de Java « La Ratu Kidul ». En Afrique de l'Ouest, on les appelait les Mami Wata, au Cameroun les Jengu, en Russie les Roussalki et, en Grèce, les Océanides ou Néréides.

Le récit le plus détaillé sur la nature du Peuple de la Mer se trouve peut-être dans les histoires du pays de Sumer et de Babylone. Il est dit qu'à leur début, ce Peuple était assisté par un être sage nommé Oannès - un humain dans la moitié supérieure de son corps et un poisson dans la moitié inférieure. Oannès enseigna aux habitants vivant dans les terres à construire des villes et à établir des lois, ainsi qu'à planter diverses céréales et à cueillir des fruits. Bref, il a fait progresser leur civilisation. Comme il était un être amphibie, Oannès ne mangeait pas sur la terre et se retirait chaque nuit dans l'océan. Ces caractéristiques nous donnent des indices sur les Êtres de la Mer qui vivent encore parmi nous sous forme d'hybrides.

Ce ne fut pas une période facile dans l'évolution humaine lorsque certains des premiers humains décidèrent d'évoluer sur la terre ferme, tandis que d'autres, qui devinrent plus tard des Êtres de la Mer, des Dauphins et des Baleines, décidèrent d'aller dans l'eau. Cette décision a été prise au cours de plusieurs millénaires et il y a toujours eu un lien étroit entre ces créatures et les humains pour cette raison. L'histoire d'Oannès remonte à l'époque lémurienne, lorsque la race Verte des humains vivait dans les eaux de la Méditerranée, au Moyen-Orient, le long de la côte africaine et dans la région qui correspond aujourd'hui à l'Asie du Sud-Est.

Au cours de millions d'années, les humains sur la Terre sont devenus plus forts et plus intelligents grâce aux dons qui leur ont été accordés par la race Verte et par d'autres. Les Êtres de la Mer vivaient principalement dans l'eau, pouvaient respirer sous l'eau et avaient des mains et des pieds palmés. Sur terre, ils étaient plus vulnérables aux attaques et, étant pacifiques, ils n'aimaient pas les conflits, ce qui rendait leur défense difficile. Bien que quelques Êtres marins aient décidé de rester en contact avec les humains pour partager leur enseignement, la majorité d'entre eux se sont retirés dans des régions reculées où ils n'avaient aucun contact avec les humains vivant sur la terre ferme.

Certains Bédouins et Nubiens, comme Anwar as-Sadat, sont des descendants hybrides de cette branche. Sadat était connu pour avoir renversé les colons britanniques. Il a voulu libérer son pays et a instauré un système démocratique multipartite en Égypte. Il a aussi négocié un traité de paix avec Israël ce qui lui a valu le prix Nobel de la paix. Des musulmans fondamentalistes qui s'opposaient à sa politique de paix assassinèrent Sadat.

L'histoire de sa vie permet de mieux comprendre certaines qualités du Peuple de la Mer et des hybrides de la Mer. Ils sont intelligents, charismatiques et dotés d'un fort caractère. On les retrouve souvent dans l'armée ou dans la lutte pour les droits de la personne et pour la paix. Ce sont des leaders naturels, mais ils gardent leurs secrets pour eux. Ils veulent aider l'humanité à se développer et sont honnêtes et très conscients de l'injustice.

Mon ami iroquois, nommé comme par hasard Oannes, était un hybride de la Mer. Il habitait pendant son adolescence avec son frère dans une fosse creusée dans le sol qu'ils avaient construit dans le nord-est des États-Unis. Ils préféraient cela à la confortable maison familiale, car ils apprenaient à vivre dans la nature. Après avoir étudié la biologie marine à l'université, Oannes fut choisi par le Corps de la Paix américain pour occuper deux postes aux Philippines.

Il vécut avec des tribus montagnardes dans les montagnes, porta un pagne comme elles le faisaient et adopta leurs coutumes. Ces peuples avaient très peu de contacts avec la civilisation et Oannes les initia, du mieux qu'il put, aux outils et aux attitudes dont ils avaient besoin pour réussir dans le monde moderne. Dans son second rôle, il était responsable d'un écosystème marin où, en tant que plongeur professionnel, il était qualifié pour évaluer les dommages causés à l'eau et à ses habitants, et pour tenter d'en préserver l'intégrité.

À son retour aux États-Unis, Oannes eut des ennuis avec le gouvernement car, en tant qu'Iroquois dont le peuple vivait à la fois au Canada et aux États-Unis, il refusa de respecter la frontière et son passeport fut confisqué. Après tout ce qu'il avait fait pour son gouvernement, il se sentit trahi et décida de ne plus adhérer à ce qu'il considérait comme des lois injustes. Plus tard, il prit les armes pour travailler avec le peuple du Nicaragua afin de renverser le gouvernement tyrannique. Je l'ai vu avant qu'il ne parte pour cette mission et je n'ai plus eu de nouvelles depuis. Il était l'exemple même d'un hybride de la Mer.

Certains bébés naissent avec des mains et des pieds palmés. Il arrive aussi que des bébés naissent avec une affection plus grave appelée sirénomélie, plus communément appelée "syndrome de la sirène". Ils ont les cuisses soudées, des problèmes de vessie et de reins et sont souvent dépourvus d'un intestin très long ou d'un rectum. Bien qu'ils meurent généralement quelques jours après leur naissance, certains vivent jusqu'à l'âge de dix ans. La sirénomélie et les autres symptômes mineurs de la palmature sont des rappels physiques des temps anciens où le Peuple de la Mer nageait joyeusement dans nos océans, nos rivières et nos lacs.

Les hybrides de la Mer, ayant une apparence physique tout à fait normale, présentent d'autres caractéristiques déterminantes. Ils peuvent être très attirés par l'eau et aiment nager et s'immerger dans l'eau. Les hybrides de la Mer font rarement leur âge ; ils ont une forte constitution, sont rarement malades mais peuvent avoir des problèmes cardiaques. Mon père était porteur du sang du Peuple de la Mer et ressemblait beaucoup à Anwar as-Sadat. Sur le plan physique, mon père ressemblait aux peuples arabes, sémites et aussi aux Amérindiens.

Je crois que je suis aussi porteuse de cette lignée. À quatre ou cinq ans, je me souviens de m'être allongée sous l'eau dans une pataugeoire sans respirer pendant un long moment, d'avoir regardé vers la surface et d'avoir pensé : "Je parie que je pourrais respirer sous l'eau". Je n'ai pas tenté l'expérience, car je savais que ce ne serait pas possible dans ce corps physique. Au lieu de cela, je me suis contentée de tenir mes jambes ensemble, comme si elles étaient jointes, et de me déplacer sous l'eau comme le ferait une sirène.

Lloyd : Quelques mots seulement. *Tanis parle du Peuple de la Mer - la race Verte, comme elle l'appelle - qui s'incarne dans d'autres espèces humaines en tant qu'hybrides. Nous avons notre propre relation avec ce Peuple. Les Êtres de la Mer sont particulièrement doués pour aider certains de nos Êtres Élémentaux de l'eau, qui sont assez expérimentés, à travailler avec l'élément Terre. Tout comme vous, les humains, devez apprendre à travailler avec tous les éléments pour devenir des maîtres éclairés, nous, les Élémentaux le devons aussi. Les Êtres de la Mer, étant* *à la fois des habitants de la terre et de l'eau, peuvent nous aider dans cette tâche.*

Par ailleurs, si les Êtres Élémentaux de l'eau plus évolués (connus sous le nom d'Ondines) souhaitent entrer dans l'évolution humaine en tant qu'hybrides, ils doivent d'abord travailler avec le Peuple de la Mer pour apprendre de celui-ci comment collaborer avec les humains. Les Ondines ont beaucoup en commun avec le Peuple de la Mer, car celui-ci entretient une relation étroite autant avec l'eau qu'avec la terre.

LES SELKIES

Les Selkies, que l'on retrouve dans les mythes irlandais, écossais et islandais, sont appelés "gens de la mer" dans ces cultures. Autre branche du Peuple de la Mer, les Selkies ont connu une évolution différente de celle de la race Verte, de la même manière que les Êtres de la Terre Intérieure et les Géants, bien que différents, ont un ancêtre commun.

Selon les mythes, les Selkies ressemblent à des phoques mais peuvent prendre une forme humaine pour vivre sur la terre ferme. Les humains sont attirés par les Selkies et, bien que les Selkies femelles soient souvent des épouses fidèles, elles préfèrent retourner à l'océan si elles en ont l'occasion.

J'ai eu quelques expériences intéressantes avec les phoques. Lors d'une de mes visites de sites sacrés en Angleterre, j'ai emmené un groupe de personnes à Tintagel, qui est réputé être le lieu de naissance du roi Arthur. Tintagel est situé sur une baie. Après notre méditation, nous avions un peu de temps libre et j'ai décidé de marcher le long de la plage. Un phoque s'est approché du rivage et a commencé à m'appeler par télépathie : "Viens dans l'océan, viens dans l'océan". Je n'avais pas l'intention de me déshabiller et de sauter dans l'océan en sous-vêtements, alors j'ai refusé. Le phoque m'a de nouveau appelé : "Viens, viens dans l'océan, viens jouer avec moi." Une fois de plus, j'ai dit "Non".

Jusque-là, la baie avait été très calme, mais soudain, une vague gigantesque est apparue de nulle part et m'a entraînée dans l'océan, là où le phoque nageait en se moquant de moi. Alors que je regagnais la plage, le phoque riant toujours, un garde qui avait assisté à l'incident s'est précipité vers moi. "Je travaille ici depuis vingt-cinq ans", dit-il. "Et jamais des phoques ne se sont approchés aussi près du rivage. Je n'ai jamais rien vu de tel de toute ma vie !"

Je savais que le phoque qui m'avait appelé était un Selkie. Les Selkies ont un grand sens de l'espièglerie, sont très curieux et s'attirent souvent des ennuis à cause de cela. Ils sont des métamorphes et il y a chez eux une sorte d'innocence, et parfois un manque de jugement. Ces caractéristiques les distinguent du Peuple de la Mer, plus sérieux et plus sage.

Je ne peux pas laisser passer *l'occasion de dire ici quelques mots. Les Selkies existent. Ils sont aussi réels que le Peuple de la Mer l'a ÉTÉ. L'essentiel est que les Selkies ont remplacé le Peuple de la Mer dans le monde humain parce que le Peuple de la Mer a disparu. Cependant, comme je l'ai dit plus tôt, les Êtres de la Mer enseignent toujours aux Êtres Élémentaux dans notre dimension.*

Certains diront que les Selkies sont des êtres dégénérés, comme le sont les Sasquatchs par rapport aux Êtres de la Terre intérieure. Je préfère penser que les Selkies ont leurs propres qualités qu'ils continuent d'apporter au monde des humains.

Les hybrides Selkie et les hybrides de la Mer vivent tous deux dans le monde moderne et partagent de nombreuses caractéristiques. La seule différence que vous les humains pourriez trouver est que les hybrides Selkie ont tendance à être plus rêveurs et moins concentrés que les hybrides de la Mer. Ils ont parfois du mal à mettre de l'ordre dans leur vie. Ils ont beaucoup de désirs, mais il n'est pas facile pour eux de passer à l'acte. Cela dit, les hybrides Selkie ne sont pas aussi colériques que les hybrides de la Mer. Ces derniers aiment défendre une cause, ce qui n'est pas le cas des Selkies.

Hybride de la Mer : JANINE

Robert, qui a raconté son histoire en tant que Géant, aurait très bien pu le faire aussi en tant qu'hybride de la Mer. De nombreuses personnes ont le sang de ce peuple tout en étant des hybrides d'une autre espèce car elles portent une lignée de chaque parent. L'histoire suivante est un exemple d'une Elfe de la Forêt ayant aussi une ascendance de la Mer.

"Je suis tellement à l'aise dans l'eau que j'ai choisi de vivre dans des villes fluviales tout au long de ma vie d'adulte. La natation et d'autres sports nautiques ont toujours été au cœur de ma vie, contribuant à la fois à ma santé et à mon plaisir. J'aime beaucoup aller à la mer, mais je ne vis pas au bord de la mer. J'ai choisi de vivre dans les prairies, à la lisière de la forêt boréale. Depuis le début de ma vingtaine, je vais au lac situé dans cette forêt. Je suis fortement attiré par les arbres et je dois vivre avec eux à proximité. Chaque fenêtre de ma maison offre une vue sur un bel arbre."

"Ma mère et moi partageons de nombreuses caractéristiques, notamment l'amour de la nature, de la terre comme de la mer. Ma mère ainsi que l'une de ses sœurs et son frère pratiquent depuis longtemps la plongée sous-marine et se sont rendus sur de nombreux récifs pour y faire de la plongée. Ma mère a même fait une plongée pour nourrir des requins ! C'est un indice de notre héritage du Peuple de la Mer."

"Je suis un peu androgyne : petites hanches et petits seins, épaules larges, dos fort. Je suis musclée, maigre et athlétique. Je ne me suis jamais maquillée et je ne me suis jamais beaucoup souciée de mes cheveux ou de mes vêtements. Je suis très active physiquement et je me suis maintenue en grande forme tout au long de ma vie - une fille de plein air, un garçon manqué. J'ai eu une forte énergie sexuelle jusqu'à la cinquantaine. Apprendre à gérer ma sexualité a été une leçon importante pour moi."

"Je suis une vraie introvertie. J'aime beaucoup passer du temps seule. Je suis une artisane de la paix, j'évite les conflits et je suis stressée par la surstimulation, les environnements surpeuplés, trop de responsabilités et aussi par les individus extravertis. Je suis très secrète et réservée. J'aime me cacher et me fondre dans la masse, d'où je peux observer et garder mes pensées pour moi. Je suis une personne très attentionnée qui trouve son épanouissement en prenant soin des autres, que ce soit des personnes, des animaux ou des plantes. Je me suis toujours sentie un peu à l'écart du reste du monde, différente en quelque sorte. Je n'ai pas d'amis proches dans la communauté où je vis depuis plus de vingt-cinq ans. Je me sens toujours comme une étrangère..." venant d'ailleurs". Cela ne me dérange pas."

"La nature a toujours eu pour moi un lien direct avec l'Esprit divin. C'est l'un des indices qui me montrent que j'ai en moi l'Elfe de la forêt. Je ne pourrais pas vivre sans la présence de la nature dans ma vie. Il m'est difficile de me consacrer pleinement à l'Esprit divin parce que je suis tellement attirée par la dimension sensuelle de cette vie. C'est comme si mon expérience sensorielle du monde l'emportait sur mon expérience spirituelle. Je m'efforce d'accorder plus d'attention, de temps et d'action à mon corps spirituel par la méditation et le yoga."

"En essayant de me fondre dans la masse, je n'ai pas pu atteindre certains de mes objectifs. Je n'ai pas exercé mon pouvoir afin de préserver mes relations intactes (de façon à pouvoir continuer à prendre soin de quelqu'un). Ma nature secrète a parfois été source de souffrance pour moi ou pour une autre personne. Je n'ai pas été capable de conserver un travail pendant plus de quelques années - j'ai eu beaucoup d'emplois, de lieux de travail et de parcours professionnels. Cela a entraîné une instabilité financière. Je pense que cela s'explique par mon besoin de changement, associé à ma nature farouchement indépendante (et secrète). Je préfère faire les choses à ma façon. C'est tout !"

"Mon travail autonome en tant que professeur de yoga s'est avéré être une véritable bénédiction. Ma vie d'adulte a été un peu chaotique quand je la compare à celle d'autres personnes qui ont le même emploi, la même carrière, le même conjoint, la même maison, la même communauté, etc. pendant toute leur vie. Je suis à l'aise et heureuse avec très peu de choses. Je vis dans une petite maison avec des meubles simples, peu de vêtements, et tout est fonctionnel."

"Je suis une pacificatrice et une protectrice des faibles, qualités qui me semblent être typiques de ma nature hybride Elfe/Mer. Je fais fleurir les endroits où je vis en créant des jardins et en m'occupant des plantes qui poussent. Je nourris les autres et cultive leurs dons. En raison de mes aptitudes physiques, j'enseigne le yoga et d'autres cours de mouvement. J'étudie la danse parce que j'aime la beauté de cette forme d'art. Je m'occupe de la nature en vivant au vert, en étant végétarienne et en prenant soin des êtres vivants dans mon jardin. Je mène une vie de modération afin de laisser une empreinte plus petite sur le corps de la terre."

"Les plus grandes leçons que j'ai apprises en tant qu'hybride consistent à m'engager envers quelque chose ou quelqu'un et à prendre soin de moi."

CONSEILS UTILES POUR L'HYBRIDE DE LA MER ET L'HYBRIDE SELKIE

1. Comme vous êtes charismatique, les gens sont attirés par vous. Ils vous font confiance, alors que vous ne faites pas confiance aux autres aussi facilement. Autorisez-vous à faire confiance aux personnes qui en sont dignes.

2. Vous êtes un guerrier de la paix et devez apprendre à mettre de côté les vieilles armes physiques qui ont été utilisées sur vos ancêtres et à utiliser les nouvelles armes - la parole juste et la persuasion - à la place. Ce sont les armes de l'ère du Verseau. C'est l'époque du "porteur d'eau" – et vos compétences, celles du Peuple de la Mer, sont particulièrement nécessaires sur la Terre.

3. Vous ressentez trop vivement la trahison et devez apprendre à pardonner avant tout.

4. Parfois, vous cachez vos compétences pour rester en sécurité. Il est temps d'aller de l'avant.

5. Faites entrer l'eau dans votre vie en vivant près de l'eau, en nageant régulièrement et en ayant une fontaine dans votre maison.

LES DAUPHINS

Les hybrides Dauphin sont parmi les hybrides humains les plus courants. La transition des dauphins vers l'évolution humaine en tant qu'hybrides terrestres est relativement facile, car les dauphins et les baleines sont nos cousins humains. Au début de l'ère lémurienne, ils sont allés dans la mer pour poursuivre leur évolution.

De nombreuses cultures méditerranéennes croient que la connaissance a été apportée des Pléiades par des êtres ressemblant à des dauphins qui respiraient de l'air, vivaient dans l'eau et avaient des queues semblables à celles des poissons. Ces récits de création se retrouvent également chez les Dogons d'Afrique et les Indiens Uros qui vivent au bord du lac Titicaca en Bolivie. Les Pléiadiens ont contribué à l'évolution des dauphins sur Terre, et les dauphins représentent la partie yin de l'espèce humaine, celle qui apporte la grâce, la compassion, la douceur et la beauté.

Les Grecs de l'Antiquité appelaient les dauphins le "peuple de la mer". Les dauphins possèdent encore les os des mains et des membres que l'on trouve chez les humains vivant sur la terre. Les humains jugent l'intelligence en fonction de la complexité du cerveau et de la taille du cerveau par rapport au poids corporel de l'être. D'après notre propre méthode d'évaluation de l'intelligence, les dauphins semblent être au moins aussi intelligents que les humains, car leur cerveau est plus complexe et aussi volumineux par rapport au poids corporel que celui des humains. Leur cerveau est très différent de celui de la plupart des mammifères terrestres et, bien qu'ils n'aient pas de poils, ils possèdent des follicules pileux issus de leur évolution terrestre précoce. Les dauphins ne sont pas des animaux - ils sont nos cousins.

Tout comme les humains, les dauphins ont des personnalités uniques et présentent de nombreuses qualités communes avec nous. Les dauphins, comme les humains, sont à des stades différents de leur évolution. Par exemple, les mâles se battent parfois entre eux ou tentent d'expulser d'autres mâles du groupe. Ils tuent parfois d'autres espèces, comme les marsouins, même s'ils ne les mangent pas ou s'il n'y a pas de concurrence pour la nourriture. Certains dauphins se livrent à l'infanticide et il arrive que des mâles tuent leurs propres bébés ou ceux d'autres mâles pour que la femelle s'accouple avec eux.

Les dauphins et les humains qui adoptent ces comportements ne sont pas très évolués spirituellement et ce sont généralement les dauphins les plus évolués spirituellement qui entrent dans l'évolution humaine en tant qu'hybrides. Certains dauphins des parcs marins et des zoos sont en fait des dauphins "bodhisattva" qui vivent volontairement dans cette situation pour aider les humains à apprendre à reconnaître l'importance de toutes les espèces et de toute vie.

Les dauphins, comme les humains, vivent en communautés (appelées « pods ») au sein desquelles les membres peuvent quitter un groupe pour en rejoindre un autre. Les relations sexuelles peuvent avoir cours entre les membres de différents groupes, ce qui favorise la diversité génétique. Comme nous l'avons déjà mentionné, les dauphins sont également connus pour se croiser avec d'autres espèces de dauphins, tout comme les humains se reproduisent avec des membres d'autres origines ethniques. Le Wolphin, croisement entre une fausse orque et un grand dauphin, est un exemple.

Les dauphins, comme les humains, ont besoin de dormir et de rêver, mais les dauphins en liberté dorment avec un œil ouvert. Ils ont la capacité de garder un hémisphère cérébral actif, tandis que l'autre hémisphère dort, afin de pouvoir surveiller les prédateurs. Les hybrides Dauphin sont parfois capables d'enseigner aux humains ce niveau de contrôle mental.

Intuitivement, nous sentons que les dauphins peuvent enregistrer nos émotions, éliminer les blocages énergétiques et relâcher toute accumulation d'énergie négative. Quand ils font ça avec nous, nos pensées et nos émotions diminuent. Notre champ énergétique devient plus calme et plus détendu et s'ouvre à des niveaux de conscience plus élevés. Les dauphins peuvent soigner les enfants autistes en les aidant à plus communiquer. Ils peuvent même diagnostiquer des maladies chez les gens. Je connais une femme qui nageait avec des dauphins lorsque l'un d'entre eux a continuellement touché un endroit de sa poitrine avec son rostre. Elle a trouvé cela étrange, mais lorsque son médecin l'a examinée, il a découvert un cancer du sein à cet endroit précis.

Les hybrides Dauphin sont souvent intéressés par les professions de guérison et se sentent capables d'aider ceux qui ont des besoins sur le plan physique, émotionnel ou spirituel. Un hybride Dauphin que je connais est maître Reiki depuis plus de vingt ans ; il a été l'un des premiers à utiliser un équipement médical pour mesurer et modifier l'activité cérébrale à des fins de guérison.

La recherche sur le cerveau montre que lorsque nous nageons avec des dauphins, nos ondes cérébrales ralentissent jusqu'à l'état thêta (rêve). C'est dans cet état cérébral particulier que nos formes-pensées ont été programmées pendant notre petite enfance. Lorsque nous nous mettons dans cet état cérébral, l'énergie du dauphin fusionne avec notre conscience et la magie commence, car c'est dans cet état que nos formes-pensées et nos corps sont capables de guérir.

Les nageurs font état de résultats miraculeux après avoir passé du temps avec des dauphins. Certains ressentent un sentiment de béatitude, souvent connu sous le nom d'ivresse du dauphin. D'autres rapportent des états accrus de bonheur et de paix, un soulagement de la douleur physique, une diminution des désirs addictifs, une augmentation de la créativité, une diminution de la dépression et de l'anxiété, un système immunitaire rechargé, et plusieurs parlent d'une connexion profonde avec l'Esprit divin.

Si vous avez nagé avec des dauphins, comme je l'ai fait à plusieurs reprises, c'est une expérience incroyable de voir l'intelligence profonde, voire humaine, qui émane de leurs yeux. Une hybride Dauphin raconte la première fois qu'elle a nagé avec des dauphins en liberté : "Le temps s'est arrêté. Mes pensées ont cessé. J'ai perdu la notion de moi-même et du temps, alors que je flottais avec les dauphins en dessous de moi. Je les ai suivis là où ils m'ont guidée. Leur énergie et les eaux chaudes et turquoises m'ont transporté dans le monde de la Présence, toujours attentive, mais sans le mental. Lorsque j'ai émergé des profondeurs de l'océan, j'ai senti mon cœur s'ouvrir à un amour qui dépassait toute limite. J'ai souri. J'ai pleuré. Je n'avais rien à dire. Il n'y avait pas besoin de mots. Je n'ai ressenti que de l'amour.

De nombreux cas de dauphins sauvant des nageurs de la noyade ou d'attaques de requins ont été recensés. Les dauphins sont même connus pour aider d'autres espèces. C'est le cas de Moko, un dauphin néo-zélandais, qui a aidé un cachalot pygmée et son petit à sortir des eaux peu profondes où ils s'étaient échoués.

Les hybrides Dauphin sont également portés à aider d'autres espèces, car l'un de leurs dons est d'aller à la source d'un problème et de trouver une solution.

Les hybrides Dauphin possèdent des qualités qui sont souvent plus développées chez eux que chez la plupart des individus. Par exemple, leur côté yin est souvent plus fort que leur côté yang. Ils sont très sensuels et apprécient les beaux vêtements aux tissus doux et aux couleurs agréables. Ils aiment s'entourer de plaisirs sensuels. Sous cet aspect, ils ressemblent à des hybrides Elfe Royal. Les hybrides Dauphin aiment être touchés et sentir l'eau et les bonnes crèmes sur leur corps.

Les dauphins sauvages ont des rapports sexuels fréquents ; chez les hybrides Dauphin, cela peut être difficile s'ils n'ont pas de partenaire sexuel avec lequel ils peuvent avoir des contacts et des rapports sexuels. Les dauphins et les hybrides dauphins peuvent avoir des relations homosexuelles ainsi qu'hétérosexuelles et devenir sexuellement actifs très tôt dans leur vie. Contrairement aux humains, la culpabilité ne semble pas être un problème pour les dauphins, mais elle peut devenir un problème majeur pour les hybrides qui peuvent avoir honte de leur nature sexuelle.

Les hybrides Dauphin aiment s'amuser avec les autres et préfèrent cela aux jeux solitaires.

Les gens sont attirés par eux, car ils sont chaleureux et accueillants. Ils jouissent d'un large cercle d'amis et appartiennent souvent à de nombreuses communautés et groupes différents. Ils sont loyaux et s'engagent dans des amitiés à long terme, mais en raison de leur nature yin, ils peuvent être inconstants. Leur désir de tout expérimenter peut disperser leur énergie et les embrouiller, de sorte qu'ils ont des difficultés à respecter leurs objectifs et leurs engagements. Par contre, on leur pardonne facilement. On ne peut garder rancune à un hybride Dauphin, puisqu'ils rayonnent l'amour et la compassion.

Comme pour les autres hybrides, il peut être utile de penser à des personnes que vous connaissez et qui ont des qualités hybrides Dauphin. Pour moi, des femmes comme la regrettée Marilyn Monroe me viennent à l'esprit. Je ne dis pas qu'elle est une hybride, mais son apparence physique, ses amitiés à long terme et les difficultés qu'elle a rencontrées avec les hommes, qui l'ont aimée puis abandonnée, sont similaires à ce que peuvent vivre les hybrides Dauphin.

J'aimerais ajouter quelques mots *sur les hybrides Dauphin. Tout comme le Peuple de la Mer, certains d'entre eux sont venus dans notre monde pour aider les Êtres Élémentaux, pas tant les Élémentaux de l'Eau que ceux terrestres... les Elfes en particulier. Vous voyez, les Elfes peuvent se montrer un peu instables, et ne pas être capables de s'imposer lorsqu'ils entrent dans votre monde humain en tant qu'hybrides. C'est pourquoi les hybrides Dauphin expérimentés, qui ont appris à garder le cap dans le monde humain terrestre, enseignent aux Elfes comment rester concentrés sur un objectif.*

Hybride Dauphin : MARINA

"J'adore être dans l'eau et sous l'eau. Je me sens enthousiaste, vivante. Je ressens un sentiment de paix et d'unité avec mon environnement. Si je me sens malheureuse ou déséquilibrée sur le plan émotionnel, être dans l'eau me redonne de l'énergie. J'aime la sensation de l'eau fraîche sur ma peau et la liberté de mouvement. Je sais que les dauphins sont très sociables, mais mon expérience dans l'eau est souvent très personnelle - celle d'être dans l'instant présent, dans l'ici et maintenant- et elle est solitaire. Je me sens à l'aise, non observée et si libre, d'où ce profond sentiment de paix et de joie. Je sens mon cœur se déployer, tandis que l'eau fraîche et claire caresse mon corps."

"L'eau est plus dense que l'air, elle enveloppe donc le corps, stimule le système nerveux et accentue la sensualité du toucher. J'aime la sensation de mouvement dans l'eau, la façon dont le corps est suspendu et soutenu par l'eau ; le sentiment d'unité en étant enlacée et enveloppée par l'eau."

"J'ai eu une puberté précoce, j'étais sexuellement innocente, mais néanmoins intéressée. Lorsque j'ai commencé à explorer ma sexualité, je me suis sentie honteuse. Je dois dire que j'aimais les garçons et que, dans l'ensemble, ils m'aimaient bien. J'étais amusante, enjouée, je flirtais volontiers. Le contact physique est important pour moi. Ça me va droit au cœur et j'éprouve souvent le désir d'avoir une proximité physique d'une manière sexuelle ou sensuelle, même si ce n'est pas sans scrupules. Si j'avais la liberté d'explorer dans ce sens avec toute personne qui m'attire, ce serait amusant. Ce n'est pas le désir d'être avec n'importe qui et n'importe comment, mais de ressentir la joie et le bonheur, le plaisir de la sensualité, le plaisir de la relation. J'aime la légèreté de l'être qui découle du plaisir."

"J'ai tendance à être assez individuelle, personnelle. Les personnes qui ne le sont pas peuvent me déstabiliser. Je suis amicale, compatissante, attentionnée, flexible, authentique et je m'efforce d'être honnête. Je sens beaucoup les choses, comme par exemple dans une pièce ; je veux alors aider à équilibrer l'énergie qui s'y trouve. Si quelqu'un est bouleversé, je veux l'aider à trouver la paix. Je fais tout ce que je peux pour équilibrer l'énergie ou la rendre plus légère par l'humour et pour rétablir l'harmonie. Lorsque je suis trop longtemps seule, je peux me sentir déprimée et isolée. J'aime être avec d'autres personnes, mais j'ai aussi besoin de temps seule pour intégrer ce que j'ai vécu et pour savoir ce que je ressens ... pour me retrouver. Je passe beaucoup de temps à sentir et à ressentir, ce qui par la suite peut m'épuiser ou me submerger. Je suis une personne assez constante. Je suis curieuse et j'aime découvrir de nouvelles choses. La famille et les amis sont importants pour moi."

"Je suis attirée par les arts de la guérison et mon travail implique un travail corporel manuel. Il implique également d'être avec les autres et d'en être consciente. Il s'agit d'un rapprochement sur les plans physique, émotionnel, mental et spirituel."

"Bien que je sois très émotive, je suis également passionnée par les idées. J'aime lire de la bonne littérature et développer une pensée claire et rationnelle. Je suis assez attentive, intuitive, et par moments je pense et agis rapidement. Dans d'autres cas, je peux être plus pondérée, pensant et parlant lentement. Je veux vraiment comprendre, mais trop de détails m'insupportent. Je veux aller au cœur des choses et y arriver rapidement."

"J'aime l'idée de cocréer avec d'autres, de développer quelque chose individuellement, mais aussi de collaborer avec un groupe de personnes qui partagent les mêmes idées. Je suis attirée par la fréquence élevée de la joie et du rire et j'aime être consciente au niveau énergétique. Je pense au radar des dauphins lorsqu'ils nagent ensemble. Ils maintiennent une distance entre eux alors qu'ils se déplacent en sautant, en poussant, en basculant, en bondissant, en s'ajustant, en dansant dans l'eau, en se déplaçant comme une seule entité, mais aussi individuellement. Ils sont conscients et ils sont bien vivants dans leur propre corps. Ils sont libres de leurs mouvements. J'aime être avec l'ensemble tout en étant dans ma propre peau, ressentant mes sentiments, vivant mon expérience. Je fais partie du tout, de l'unité."

Hybride Dauphin : DONNA

"J'ai toujours voulu vivre au bord de l'eau ou avoir une vue sur l'eau. En effet je me sens plus en sécurité près de l'eau ou dans l'eau. Je suis émue en voyant la beauté et la grâce de certains corps physiques. J'aime mon corps et je l'habille avec élégance ! Je suis constamment consciente de mon environnement physique. Je remarque alors l'harmonie ou la disharmonie de celui-ci, c'est-à-dire les lignes, la couleur, la texture, les formes. Mes amis me disent que mon plus grand talent est ma capacité à exprimer la beauté et la grâce."

"Je me sens plus enracinée lorsque j'ai des rapports sexuels. L'intimité sexuelle me semble naturelle et ludique. J'aime caresser et être caressée. Je suis sensible à l'alcool, au froid, au vent, aux substances psychotropes, à la violence et à la malhonnêteté. J'ai les larmes aux yeux lorsque je ressens la vérité de quelque chose. Je m'engage dans des relations et des concepts - soit avec une autre personne, soit avec un champ d'idées - en m'associant et en créant avec d'autres. Je veux vraiment connaître l'AMOUR dans mes relations les plus intimes. La beauté et la fluidité de la nature m'incitent à me sentir connectée. Je me sens unie à l'eau ou au soleil. Lorsque je danse et bouge au rythme de la musique, je m'ouvre à la clarté spirituelle."

CONSEILS UTILES POUR L'HYBRIDE DAUPHIN

1. Parce que vous êtes un guérisseur naturel et que vous êtes chaleureux, les autres sont attirés par vous et vous font confiance. Apprenez à faire preuve de discernement car les gens ne sont pas toujours ce qu'ils semblent être et peuvent se révéler indignes de confiance.

2. Votre sexualité et votre sensualité sont magnifiques. Apportez le yin et les dons féminins dans le monde humain avec toute votre splendeur.

3. Jouez, jouez, jouez. C'est une grande partie de votre nature et quelque chose que vous pouvez donner au monde humain et dont les humains ont besoin.

4. Vivre près de l'eau est important pour votre santé physique, émotionnelle et spirituelle.

5. Vous détectez intuitivement un manque d'harmonie chez les autres ou dans une situation et vous voulez y remédier. Parfois, la solution se trouve dans votre subconscient, alors détendez-vous et laissez tout venir à vous.

LES BALEINES

Les hybrides Baleine sont plus rares que les hybrides Dauphin, bien que les baleines soient également un "peuple de la mer" qui a quitté l'évolution terrestre à peu près en même temps que les dauphins.

Les baleines ont une évolution complexe, basée sur le collectif plutôt que sur l'approche individuelle du dauphin. C'est pourquoi, lorsqu'une baleine s'échoue sur la plage, tout le groupe peut décider de commettre un suicide collectif et de s'échouer à son tour. Des personnes ont tenté de faire partir les baleines de la plage, mais elles se sont aperçues qu'elles revenaient et s'échouaient à nouveau.

Les hybrides Baleine sont attirés par les besoins collectifs du groupe. Les humains sur la terre peuvent penser avec arrogance que l'évolution individuelle est plus évoluée que l'évolution collective, mais ce n'est pas le cas. L'évolution de groupe, comme celle des baleines et des abeilles, enseigne l'interdépendance. Le principal cadeau que nous offrent les hybrides Baleine est la puissance et l'intelligence du groupe.

Les baleines disposent d'un système de communication très complexe, chaque baleine ayant un nom qui lui est propre. Non seulement elles peuvent se communiquer des pensées et des idées, mais les baleines en captivité sont connues pour imiter le langage humain, ce qui montre qu'elles essaient peut-être de communiquer avec nous. Les chants des baleines à bosse peuvent durer trente minutes et sont à une fréquence si basse que les humains ne peuvent pas les entendre.

Les humains n'entendent pas toujours tout ce que les hybrides Baleine communiquent, car une grande partie de leur communication se fait au niveau des sentiments profonds. Les hybrides Baleine pensent que si vous vous intéressez vraiment à eux, vous saurez par télépathie ce qu'ils ressentent sans qu'ils aient à l'exprimer.

La plupart des baleines passent environ 90 % de leur vie sous l'eau, ce qui explique que l'on en sache très peu sur elles. De nombreuses espèces parcourent de grandes distances chaque année, apportant des informations des eaux du nord aux eaux du sud de notre planète.

Les baleines détiennent l'inconscient collectif de l'humanité. Les hybrides Baleine sont souvent des plongeurs en eaux profondes, qui ramènent les connaissances inconscientes à la conscience de surface. C'est leur cadeau à l'humanité, à la Terre et à toutes les espèces terrestres. Les hybrides Baleine portent dans leur corps d'anciennes mémoires du passé de la Terre et du passé de toutes les espèces.

Les hybrides Baleine peuvent avoir des difficultés à vivre seuls et à prendre leurs propres décisions. Ils aspirent à faire partie d'un groupe soudé. Ils peuvent aussi être un peu rêveurs et se plonger dans leur propre monde, comme le font les baleines lorsqu'elles plongent à des centaines de mètres de profondeur dans l'océan pour communier avec l'Esprit divin. Les hybrides Baleine sont généralement profondément spirituels, doués de facultés psychiques et en phase avec l'harmonie divine, même s'ils n'en parlent pas directement.

Les hybrides Baleine n'ont pas besoin de diriger mais, en fonction de leur éducation et de leurs parents, ils peuvent le faire. Ils se contentent souvent de guider les autres en restant en arrière-plan et sont heureux de les laisser briller. Néanmoins, ils aiment être en contact avec ceux qui apportent des changements dans le monde, afin qu'ils puissent ensemble partager leurs observations. Ils sont discrets et réservés sur leurs propres besoins et sentiments, mais ils peuvent être des guérisseurs en aidant les autres à explorer leurs problèmes profonds pour trouver des solutions.

Les hybrides Baleine ont souvent des problèmes de poids, car ils ont naturellement un corps bien rembourré qui les protège des pensées et des sentiments des autres. Cela ne signifie pas qu'ils ne sont pas en bonne forme physique.

Il est intéressant de noter que les baleines à bosse sont reconnues pour vivre jusqu'à 70 ans et que les baleines boréales peuvent vivre plus de 100 ans ; des durées de vie qui sont naturellement similaires à celles des humains. Les hybrides Baleine vivent également jusqu'à un âge avancé, à moins que leur cœur ne soit brisé. Du fait qu'ils développent un sentiment profond pour tout et tous - probablement plus que tout autre hybride - leurs cœurs sont très sensibles et ils ressentent vivement le rejet. Les hybrides Baleine doivent apprendre à se protéger et à ne pas trop se soucier de ce que les autres pensent d'eux. Ils sont capables d'être totalement indépendants, tout en restant en cocréation avec les autres et en se dévouant aux autres et à la Terre.

J'ai peu de choses à dire *sur les hybrides Baleine - ce qui sûrement vous surprend - car leur grand don, comme l'a dit Tanis, est d'être capable de porter les anciennes mémoires de la Terre et de les ramener à votre conscience humaine. Cela peut paraître vantard, mais les Êtres Élémentaux peuvent lire l'histoire de la Terre et de chaque humain aussi facilement que les baleines. Tout cela est enregistré dans ce que vous appelez les Archives Akashiques dans le monde astral et, comme nous les Êtres Élémentaux, vivons à une fréquence plus légère que la vôtre, nous pouvons "lire" ces archives en un instant. Cela ne demande aucun effort - c'est tout simplement ainsi.*

Vous vous souvenez que les Êtres Élémentaux évoluent davantage en clans, et que nous ne sommes pas aussi individualisés que les humains. En ce sens, nous ressemblons davantage aux baleines. C'est pourquoi les Êtres Élémentaux et les Baleines - ainsi que les hybrides des deux espèces - se sentent davantage liés au collectif et sont plus en phase avec l'unité de tous les êtres que la plupart des humains. Nos deux espèces (cela vaut également pour les hybrides) croient en la cocréation et veulent s'associer à d'autres qui souhaitent cocréer un monde magnifique.

❀ Hybride Baleine : PATRICIA

"À partir de huit ans, j'ai commencé à avoir des problèmes de poids. Mon poids et ma graisse abdominale ont fluctué à partir de ce moment-là, et j'ai toujours eu du mal à perdre du poids et à ne pas le reprendre. Bien que j'aie été influencée par les attentes sociales en matière d'apparence, je n'ai jamais ressenti de motivation interne pour être mince et svelte. Aucun des livres de développement personnel et aucune des explications de mon problème ne semblait correspondre à la réalité. Heureusement, je suis en très bonne santé - même pendant une période d'obésité morbide, mon cholestérol et ma tension artérielle étaient normaux. Aujourd'hui, je fais de l'exercice une heure ou deux par jour et j'ai une alimentation saine. Je porte encore des vêtements de grande ou très grande taille, bien que j'aie 80 livres de moins qu'il y a quelques années."

"Physiquement, je suis active mais pas vraiment sportive. Les hauteurs et les activités nécessitant un pied sûr sont de vrais défis. J'ai du plaisir à faire l'amour, surtout dans le cadre d'une relation où il y un lien profond d'amour et de sécurité, mais je n'ai jamais été sexy ou n'ai jamais eu beaucoup d'ardeur sexuelle. Sur le plan émotionnel, je m'intéresse au « flow », à l'inclusion, à l'interconnexion, à la stabilité, à la conscience émotionnelle profonde, à la perspicacité et à l'intuition. Je suis très extravertie et optimiste, mais j'ai aussi besoin de solitude et d'aller en profondeur en moi-même et avec les autres. Les discussions superficielles, les futilités, etc. m'ennuient beaucoup et je n'ai de la patience que dans le rôle d'aidante."

"Les vérités anciennes et universelles sont extrêmement importantes pour moi. Je ne suis pas une penseuse originale, mais je suis très douée pour savoir quand des informations ou des idées contiennent une vérité ou un point de vue qui doit être partagé avec d'autres. J'intègre ces informations, puis je fais le lien entre la théorie et la mise en pratique. Enseigner et accompagner les gens à s'ouvrir à leurs propres vérités et aux vérités universelles - en particulier en ce qui concerne l'interdépendance et l'Unité - sont très importants pour moi. J'ai toujours été une chercheuse. Le fait que l'accent soit à nouveau mis sur les enseignements de la sagesse me réjouit et répond à un besoin profond de confirmation de mes propres connaissances."

"J'ai l'impression d'être une vieille âme, mais tout est encore nouveau et frais pour moi. J'ai été élevée au sein d'une église protestante et j'y ai été active jusqu'à l'université, époque à laquelle j'ai rejeté la religion confessionnelle. Je me suis tournée vers l'humanisme et, plus tard, j'ai découvert la psychologie transpersonnelle. La visite de lieux où l'on trouve d'anciennes pierres dressées ainsi que des retraites spirituelles, combinées à un travail énergétique intentionnel, m'ont ouvert à une conscience plus aiguë de ma profondeur spirituelle et de ma vie intérieure. J'ai abandonné mon ancienne vision de la vie, qui mettait l'accent sur la performance et la stratégie pour choisir un chemin plus doux de service, en faisant passer l'être avant le faire. Embrasser le Divin Féminin et aider les gens à équilibrer les énergies masculines et féminines en eux et autour d'eux sont au cœur de mon travail spirituel."

"J'ai eu un début de vie incroyablement bienveillant et stimulant où j'ai pu être un enfant. Comme c'est le cas dans les groupes de baleines, j'avais une relation très étroite avec ma mère et j'étais l'enfant chérie de notre famille élargie. Je n'ai jamais pu retrouver ce sentiment d'acceptation totale, d'amour et de soutien par la suite. L'individualisation et la séparation ont dû être intentionnelles pour que je puisse grandir. J'ai souvent essayé d'être à la fois ce que ma famille voulait et attendait de moi, et ce que j'étais censée être, et j'ai donc exigé beaucoup de moi-même. Apprendre et découvrir que l'amour et le soutien dont j'ai besoin viennent de l'Univers, et non des mortels, a été important pour moi."

"J'ai eu la chance d'avoir une vie d'abondance simple, d'amour inconditionnel et bénie par des talents qui m'ont permis de vivre une vie harmonieuse. Jusqu'à présent, j'ai démontré une facilité à apprendre grâce à des encouragements en douceur et j'ai rarement eu besoin qu'on répète avec insistance. Je me sens très guidée et en sécurité. Ce n'est qu'en écoutant les histoires des autres et en entendant leur douleur que j'ai appris que tout le monde n'avait pas reçu au point de départ cet amour inconditionnel qui m'a donné un fort sentiment d'amour et d'estime de soi. Grâce à cette prise de conscience, je suis reconnaissante et déterminée à être une « agent de changement ».

Je suis douée pour l'animation et l'accompagnement de groupes, la communication interpersonnelle, l'écoute attentive, la formation d'équipes. Je peux également soutenir les gens de manière pratique en ce qui concerne les compétences utiles dans la vie quotidienne et pour leur développement transpersonnel."

"Cela dit, j'ai toujours voulu m'intégrer à ce monde, mais je n'y suis jamais vraiment parvenue. J'avais envie d'appartenir à un groupe, mais je n'ai pas pu trouver un groupe de pairs. Je passe outre très vite en ce qui concerne les gens et les relations. Mes principales difficultés sont les suivantes : de ne pas être reconnue pour les choses que j'ai initiées, d'avoir une connaissance profonde qui cherche à s'exprimer, mais de ne pas toujours trouver le catalyseur pour le faire, de désirer une âme sœur et une famille d'âme et d'accepter que cela n'arrivera peut-être pas, de me détacher de cela et de faire confiance à l'Univers pour m'apporter l'amour et le soutien nécessaires."

"La leçon la plus difficile pour moi a été d'apprendre le non-attachement. Alors que je poursuivais ma propre vérité et mon propre chemin, j'aspirais à la profondeur et à la qualité de liens tels que ceux vécus dans mon enfance. Cela m'a conduite à des attentes très élevées, à des déceptions et à un sentiment de solitude qui m'a rendue triste jusqu'à ce que j'apprenne à vivre ma propre vie, en sachant que les relations vont et viennent en fonction des besoins et qu'elles ne sont jamais permanentes. Il n'y a pas de meilleure raison de suivre son propre chemin que de réaliser… que nous venons dans cette vie d'une myriade d'endroits différents et par des voies diverses, mais que nous sommes tous un."

CONSEILS UTILES POUR L'HYBRIDE BALEINE

1. Vous serez rarement reconnu pour le grand être que vous êtes. Ne vous en faites pas et continuez à l'être.

2. N'essayez pas de changer votre silhouette pour vous conformer aux normes actuelles des revues de mode. Vous n'êtes pas un hybride Elfe. Vous êtes un hybride Baleine.

3. Vous êtes un voyant en profondeur à l'écoute des rythmes de la Terre et, en tant que tel, vous êtes un excellent guérisseur capable d'aider les individus à découvrir leur inconscient et à évoluer vers la conscience.

4. Votre vie est consacrée au service. C'est pourquoi vous êtes entré dans l'évolution humaine, mais ne vous y perdez pas.

5. Il se peut que vous ayez des difficultés à communiquer la profondeur de votre "savoir" avec des mots. Réalisez simplement que votre corps émotionnel est si puissant que les autres perçoivent ce que vous leur envoyez à travers leur corps émotionnel.

SECTION 3 :

LES HYBRIDES
ÊTRES
STELLAIRES

Notre dernière catégorie d'hybrides est constituée de divers types d'Êtres Stellaires qui sont venus sur Terre pour aider les humains et les autres êtres terrestres dans leur évolution. Il s'agit notamment des Anges, des Els, des Êtres Horus, des Êtres Pan, des Dragons, des Abeilles, des Centaures et des Anunnakis.

À l'exception des Anunnakis et parfois des Anges, tous les autres groupes mentionnés dans cette section sont venues sur Terre en tant que Créateurs à part entière pour aider l'humanité à devenir également des Créateurs. Au cours de ce processus, ceux, qui sont venus et qui sont restés, sont entrés dans l'évolution humaine en tant qu'hybrides, et ont donc perdu la connaissance de leur héritage originel. Heureusement, de nombreux êtres stellaires possèdent encore les caractéristiques spécifiques, qui les aideront en tant qu'hybrides à redevenir des Créateurs à part entière.

LES ANGES

Les hybrides Ange sont parmi les hybrides les plus courants et constituent le groupe le plus important d'hybrides qui ne sont pas originaires de la Terre. Beaucoup d'entre eux sont entrés comme hybrides dans d'autres systèmes solaires pour aider les habitants à devenir conscients, tout comme ils le font pour les Terriens.

Les hybrides Ange deviennent des Créateurs à part entière en entrant dans des évolutions humaines et dans d'autres évolutions où ils apprennent à développer leur libre arbitre. La fonction des Anges - à l'origine - était de toujours accomplir la volonté du Créateur ; ils n'avaient pas de libre arbitre. L'Intelligence cosmique a créé une multitude d'êtres en évolution dans de nombreux systèmes solaires ; les Anges aident toutes ces êtres en évolution à développer leur conscience.

Les anges sont présents dans toutes les religions, y compris le christianisme, l'islam, le judaïsme, le bouddhisme et le zoroastrisme. Tout au long de l'histoire, des individus ont raconté leurs rencontres avec des anges. Jusqu'à aujourd'hui, même dans la population en général, les gens font confiance aux anges et croient en eux plus qu'en toute autre race stellaire.

C'est l'une des principales raisons pour lesquelles les anges ont décidé d'entrer dans l'évolution humaine en tant qu'hybrides. Ils savaient que les humains leur faisaient confiance et ils souhaitaient servir le plan cosmique, quel qu'il soit. Leur motivation pour devenir des hybrides n'était pas tant de développer leur libre arbitre, ce qui est le but principal pour la plupart des hybrides, que de vouloir servir.

Une caractéristique importante des hybrides Ange est leur bon cœur. Il y a quelque chose en eux qui attire les autres... les gens ont le sentiment d'être une meilleure personne si un hybride Ange fait partie de leur vie.

Les hybrides Ange ont tellement de dons et de talents différents qu'on peut les trouver dans toutes sortes de domaines. Le désir de s'engager et d'être loyal envers l'Esprit divin est essentiel à leur être, même s'ils mènent une vie quelque peu insouciante, avec des excès sexuels, des drogues et autres faiblesses. Contrairement aux hybrides Élémentaux, ils deviennent rarement dépendants de l'une ou l'autre de ces substances et se sentent généralement de plus en plus attirés par l'esprit divin, à l'âge mûr, voire plus tôt.

Mon conjoint de fait est un hybride Ange. Il possède les qualités rayonnantes de ces hybrides. Il attire aussi bien les hommes et les femmes, et ceux-ci se sentent aimés en sa présence. Voici donc un exemple de la vie courante. Pour son soixantième anniversaire, je lui ai organisé une fête. C'est le genre d'homme qui aime la pêche et qui a un penchant pour les outils de toutes sortes. Pendant la première heure de la fête, il était entouré par les hommes. Je lui ai suggéré d'aller voir ses amies femmes qui l'aiment aussi, et il s'est rendu à la cuisine sous mon conseil. Cinq minutes plus tard, les hommes l'ont suivi.

Les anges vivent selon une structure hiérarchique où il y a des anges plus forts et plus âgés et des anges plus jeunes et moins expérimentés. La note d'espoir, par exemple, sera la même de la part d'un jeune ou d'un vieil Ange. La seule différence est que le jeune Ange n'a pas autant de pouvoir que le plus âgé. Ce dernier possède une force plus grande pour influencer une situation ou une personne... de la même manière qu'une cloche plus grande peut produire un son plus puissant qu'une cloche plus petite, et peut être entendue plus loin par plus de gens.

Les hybrides Ange, comme les Anges, reconnaissent leur place dans le monde et ne sont pas en compétition pour se faire plus grands qu'ils ne le sont. Cependant, ils tiennent à être reconnus pour les talents qu'ils ont. Ils aiment travailler de manière désintéressée pour une personne ou pour une organisation qu'ils jugent digne de leurs efforts. Ils n'ont pas besoin de diriger, bien qu'ils soient à l'aise dans ce rôle, si leurs talents sont manifestement supérieurs à ceux des autres. Ils servent l'ensemble dans la fonction où ils sont le plus utiles.

Des personnes telles que les auteures Louise Hay et Doreen Virtue ont écrit de merveilleux livres de guérison sur les anges qui servent à transmettre le message de l'Esprit divin au monde.

Les anges de différents rayons d'énergie possèdent des rôles distincts comme la paix, l'espoir, la guérison, l'amour, la volonté ou la lutte contre le mal. Lorsque vous priez pour obtenir de l'aide, un ange qui incarne la qualité pour laquelle vous avez prié répond à votre appel. Ainsi, si vous priez pour la guérison, un Ange de la Guérison répondra. Si vous avez peur et que vous priez pour la paix, un Ange de la Paix viendra.

Je mentionne ceci parce qu'un grand nombre d'hybrides Ange ont tendance à être sur le Rayon de la Volonté. L'Archange Michael, qui est à la tête du Rayon de la Volonté, est un Ange guerrier qui va partout où il y a de l'obscurité pour apporter la lumière. Il est également un grand protecteur des faibles et des moins fortunés. Il est le gardien de l'humanité et s'est engagé à nous aider à rétablir le Plan Cosmique. Il se peut que, sur ce plan d'existence matérielle, les hybrides Ange Guerrier soient de plus en plus nécessaires, et aussi qu'ils aient une force - une détermination intérieure - qui peut faire défaut aux hybrides Ange dotés d'autres talents.

Tous les hybrides Ange développent leur libre arbitre lorsqu'ils entrent dans l'évolution humaine. En fait, la plupart d'entre eux sont très intéressés par leur développement personnel de toutes les manières possibles. Mais d'abord, ils veulent aider les autres et recherchent des opportunités pour le faire.

Mère Marie avait de nombreuses qualités que l'on peut retrouver chez les hybrides Ange, tout comme Jésus. Leur pureté, leur dévouement au service de la Volonté divine et leur courage à subir toutes les épreuves sont des caractéristiques des hybrides Ange évolués.

Les hybrides Ange ont le sentiment de devoir servir l'Esprit divin et, lorsque ce n'est pas le cas, ils sont rongés par la peur, l'anxiété et la culpabilité. Ils peuvent avoir l'impression de ne pas être assez bons et de ne pas en faire assez. Cela vient du fait qu'ils ont été si purs dans le passé qu'ils ne commettaient aucune erreur. Ces hybrides doivent abandonner ce sentiment de culpabilité et comprendre que le chemin de l'évolution humaine est fait d'essais et d'erreurs.

Dans les relations amoureuses, les hybrides Ange peuvent avoir des exigences extrêmement élevées pour leur partenaire, car ils savent bien ce qui est parfait. Soyons réalistes, peu d'entre nous sur cette Terre sont parfaits, sinon nous ne serions pas là ! Les hybrides Ange doivent apprendre à faire preuve dans leurs relations personnelles de la même compassion que celle qu'ils éprouvent pour l'ensemble de l'humanité.

Sur le plan spirituel, les hybrides Ange peuvent être plus attirés par le "Bhakti yoga", qui est le yoga dévotionnel, car leur force réside dans leur dévotion envers un maître spirituel en tant que représentant de l'intelligence cosmique.

Ici Lloyd. *Dans notre monde Élémental, les dévas font la plupart des choses que les anges font dans le vôtre. Ils supervisent notre évolution et nous maintiennent alignés sur le chemin de l'Esprit divin si nous nous égarons. Nos Anciens font de même. Cela ne veut pas dire que les Anges ne viennent pas dans notre monde, car bien sûr ils le font. Nous sommes bien conscients de l'existence de Mère Marie et Jésus le Christ, et la plupart des êtres évolués de votre monde humain ont passé un certain temps avec nous, la plupart du temps en venant lorsque nous les appelons, plutôt qu'en vivant avec nous. De fait, pour être un Créateur à part entière sur Terre, il faut être capable de travailler avec tous les royaumes de la création.*

Cependant, ce sont surtout nos Anciens qui travaillent avec les Anges ; ceux-ci les tiennent informés de l'évolution du Plan Cosmique au lieu de travailler avec les Êtres Élémentaux de façon individuelle. Je suis moi-même à un niveau où je suis plus au courant de tout cela, mais pas assez pour me sentir qualifié pour en parler.

Hybride Ange

Lorsque j'ai demandé à des personnes que je connaissais d'écrire leur histoire sur l'hybride qu'elles pensaient être, les hybrides Ange ont répondu en plus grand nombre - et plus rapidement - que tout autre type d'hybride. Psychologiquement, beaucoup d'entre nous préféreraient être un Ange en raison de leur réputation positive auprès des humains.

De nombreux hybrides Ange se sentent liés à l'archange Michaël, l'Ange Guerrier.

> **ANN :** "L'injustice est une chose que je ne peux pas tolérer et je me bats pour défendre quelqu'un qui est maltraité (ou une situation qui est injuste)."

MATILDA : "Mon travail me plonge dans des zones sombres lorsque j'interviens auprès de personnes ayant subi des traumatismes - que ce soit dans des refuges, des centres de traitement des toxicomanies et des maladies mentales. J'ai beaucoup à faire avec la pauvreté et l'immigration, ainsi qu'avec des étudiants autochtones qui vivent une souffrance profonde."

JENNY : "En tant qu'aînée d'une famille nombreuse, j'ai assumé très tôt des responsabilités tout en luttant contre les dysfonctionnements familiaux. Je sentais que c'était à moi de protéger mes frères et sœurs et de les sortir d'une situation difficile. Je pense que cela a souvent été perçu comme de l'autoritarisme."

SAM : "Je suis soucieux de protéger ma famille et mes amis et j'attends la même chose en retour. Je déteste abandonner et ma volonté de poursuivre un travail, une responsabilité ou un défi est très forte."

Plusieurs des hybrides Ange sont physiquement plus forts et plus musclés que la moyenne des gens tandis que d'autres sont plus faibles et de corpulence moyenne.

ABIGAIL : "J'ai choisi un corps très fort, robuste et sain pour cette incarnation, et c'est une bonne chose car j'en ai eu besoin. J'ai dû faire une quantité énorme de travail physique et j'ai eu la force de le faire. Avec mes cheveux blonds et mes yeux bleus, je ressemble à l'idée que beaucoup se font d'un hybride Ange, et lorsque j'étais enfant, c'était encore plus prononcé."

SAM: "J'ai une composition corporelle très dense. J'ai toujours pesé vingt-cinq à quarante livres de plus que ce que la plupart des gens estimaient. Je suis physiquement très fort et j'ai une tête plus grosse que la normale. J'étais très athlétique dans ma jeunesse et j'étais généralement le meilleur joueur de mon équipe."

JENNY: "J'ai l'impression d'avoir besoin de ces kilos en trop. Je pensais que j'étais simplement en surpoids, mais je pense que c'est plus que cela. C'est comme si j'avais besoin d'un 'tampon' protecteur pour me protéger de l'énergie négative qui m'entoure."

Les hybrides Ange ont tous raconté qu'ils ressentaient les choses très profondément.

DEBBIE: "Je ne suis pas très « robuste » émotionnellement. Je pleure facilement quand je suis frustrée."

MATILDA: "Je laisse les gens me marcher dessus avant de me défendre. Mon rôle est de servir, il m'est donc difficile de reconnaître quand les gens se servent de moi."

JENNY: "Je suis très sensible à mes émotions et à celles de tous ceux qui m'entourent. Je peux ressentir la douleur et la souffrance des autres et cela me brise le cœur."

ABIGAIL: "Je ressens profondément la souffrance des autres et je veux toujours, mais toujours les aider à soulager leur souffrance d'une manière ou d'une autre. Je suis très compatissante, empathique, passionnée par la justice, la vérité et l'amour pour tous. Je vois tous les humains vivant comme des frères et sœurs sur la Terre."

De nombreux hybrides d'Ange décrivent leur perfectionnisme comme étant une faiblesse.

> **TROY:** "Je ressens de la pression pour remplir mon rôle, et de l'anxiété à l'idée de ne pas y arriver ... ou de ne pas en faire assez ... ou dans le pire des cas ... de faire les mauvaises choses à cause d'une mauvaise compréhension de ma tâche."

> **JENNY:** "J'ai été perfectionniste toute ma vie et je le suis toujours. Je me fixe toujours des objectifs élevés pour moi-même (et pour les autres) et je suis toujours déçue de ne pas les atteindre. Je suis très douée pour me faire des reproches."

Quelques hybrides mentionnent leur tendance à projeter leur désir de perfection sur leur partenaire.

> **GABRIELA:** "Dans mon premier mariage, j'attendais de mon conjoint qu'il soit parfait (une version angélique de la perfection, bien sûr !). Je lui ai dit si souvent, essayant de le convaincre, que la vie pouvait être parfaite si seulement il... Il en est venu plus tard à me qualifier de « moralisatrice ! »

Les anges hybrides ont une nature profondément spirituelle dès leur plus jeune âge.

MATILDA: Titulaire d'un diplôme de troisième cycle en théologie ; "J'ai toujours été spirituelle, même quand j'étais petite, et j'ai toujours voulu accomplir la volonté de Dieu."

ANN: "Ma vie ne m'appartient pas ; elle appartient au Créateur. La Bible parle d'être "un serviteur du Très-Haut" - eh bien, c'est ce que je suis. Je ne peux rien y faire. Cela ne se réfère pas seulement à ce que je fais, mais aussi à qui je suis. J'ai été envoyée pour aider de nombreuses personnes à traverser les moments les plus difficiles de leur vie. Je sais rarement dans quoi je m'embarque avant d'y être et, petit à petit, les choses se mettent en place. Lorsque je suis la guidance divine, tout se déroule parfaitement. Je fais tout ce qui est nécessaire."

DEBBIE: "Ma vie est comme une coupe qui déborde et j'aime partager cette abondance avec les autres. Je suis optimiste et j'encourage constamment les autres à exprimer leur gratitude et leur appréciation pour la vie et tout ce qu'elle nous offre !"

"Je suis très triste lorsque j'entends parler de guerres et de conflits entre humains impliquant beaucoup de violence. J'ai la vision d'un monde pacifique, mais toutes ces luttes nous empêchent de faire de cette vision une réalité. À l'inverse, lorsque j'entends parler d'actes de bonté extraordinaires, j'ai les larmes aux yeux."

SAM: "Je sens que ma volonté de servir le bien commun est typique d'un hybride Ange. De temps en temps, j'ai accès à des "guidances intuitives" qui ne sont peut-être pas si courantes. Je suis le plus heureux lorsque je sers les autres en construisant quelque chose ou en regardant quelqu'un évoluer."

CONSEILS UTILES POUR L'HYBRIDE ANGE

1. Ayez des objectifs et des attentes réalistes pour vous-même et pour les autres. Vous êtes maintenant dans le monde des humains, où aucun d'entre nous n'est parfait.

2. Pardonnez-vous pour les péchés d'omission (ce que vous n'avez pas fait) et pour ceux de commission (ce que vous avez fait) - et le plus tôt sera le mieux. Suivre le premier conseil vous aidera à cet égard.

3. Vous pouvez ressentir une tristesse sous-jacente en raison de votre perte de connexion avec l'Esprit divin. Ne vous inquiétez pas. Poursuivez votre chemin. Ce lien sera à nouveau vôtre.

4. Faites confiance à votre guidance intérieure et à votre intuition, plutôt que de vous fier à l'opinion des autres.

5. Méditez et pratiquez régulièrement des disciplines spirituelles pour renforcer votre lien avec l'Esprit divin.

LES ELS

Les Els sont des Créateurs à part entière qui aident la Terre à devenir une planète consciente. Les hybrides El qui se sont incarnés dans l'évolution humaine peuvent, ou non, se souvenir de leur héritage divin et peuvent avoir besoin d'évoluer vers la conscience, tout comme le font les membres d'autres types d'hybrides.

Les Els, une espèce beaucoup plus ancienne que les humains, ont achevé leur évolution pour devenir des Créateurs conscients sur Sirius, le système stellaire le plus brillant du ciel nocturne de la Terre. Lorsque nous terminons notre évolution dans un système solaire, l'Esprit divin peut nous demander : "Aiderez-vous un autre groupe à se développer ?"

Parmi les Els, certains d'entre eux, mais pas tous, ont décidé de contribuer à la formation de la Terre avec tous les êtres qui la peuplent. Beaucoup d'entre eux sont sur Terre depuis le tout début, lorsque la Terre n'était qu'une boule de gaz. D'autres sont arrivés plus tard.

Bien que cette espèce ne vous soit peut-être pas familière, sa présence est attestée dans nos cultures les plus anciennes. Dans les textes cananéens, dont sont issus les récits bibliques grecs et hébreux, la divinité suprême est appelée "El", c'est-à-dire Dieu. "El" est l'autorité finale dans toutes les affaires - humaines et divines. L'un de ses titres était Ab Adam, ce qui signifie "Père de l'homme" et il était le "Créateur de toutes les choses créées". El était décrit comme une divinité âgée, aimable et miséricordieuse et, bien qu'il ne se mêlât pas des affaires quotidiennes, il résolvait les litiges que les autres dieux lui soumettaient. Sa demeure se trouvait, dit-on, dans la région du Tigre et de l'Euphrate, qui devint plus tard le pays de Sumer.

Dans de nombreuses cultures anciennes, les humains considéraient les Els comme des dieux. Deux des principaux dieux égyptiens, Isis et Osiris, étaient des Els venus de Sirius via l'Atlantide en Égypte pour y fonder une colonie. On dit dans la mythologie égyptienne qu'Isis et Osiris ont apporté la civilisation à l'humanité en apprenant aux premiers humains à domestiquer des animaux et à cultiver des céréales.

À l'origine, les Els ne se sont pas croisés avec les humains. Ils ont vécu en tant qu'hybrides parmi les humains depuis la fin de l'époque lémurienne et de l'époque atlante. Nombre de ces hybrides ont fait le vœu de rester sur Terre jusqu'à ce que tous les êtres soient éveillés et de contribuer à ce processus.

Les Els, en tant qu'espèce, ont une grande force étant du premier Rayon de la Volonté. Au cours de leur évolution sur Sirius, ils ont utilisé cette Volonté pour se consacrer au Divin et, en tant qu'hybrides, ils peuvent également ressentir un appel profond à le faire.

Les Els, parce qu'ils disposent du libre arbitre, ont dû apprendre la retenue et la discipline pour ne pas utiliser leur volonté à des fins égoïstes - ce qui est également vrai pour les hybrides Els. Dans leur dévouement suprême à la réalisation des objectifs du Créateur, les Els peuvent être considérés comme des maîtres d'œuvre sévères, intransigeants, voire durs. Les hybrides El présentent généralement les mêmes caractéristiques, car ils sont tellement concentrés sur ce qu'ils considèrent comme le but à atteindre et sur la manière la plus efficace d'y parvenir.

Une grande énergie, une forte concentration et un engagement exceptionnel - qualités du premier Rayon de la Volonté Divine - sont nécessaires pour donner forme à toute idée nouvelle. C'est pourquoi les leaders de nouvelles façons de penser ou de nouveaux types d'organisations présentent généralement ces qualités. C'est aussi le cas pour les personnes qui ont des caractéristiques que l'on retrouve chez un hybride El - comme Mère Theresa, Martin Luther King et le leader politique Nelson Mandela. Bien que certaines personnes apprennent à travailler avec le premier Rayon, ce n'est peut-être pas leur force naturelle. Les hybrides El peuvent apprendre aux autres à le faire.

Les hybrides El sont attirés par le monde matériel et les expériences sensorielles parce qu'ils sont doués pour la création de formes. Ils ont appris à utiliser la lumière et l'énergie pour manifester ce qu'ils voulaient dans les fréquences inférieures de la forme. Leur présence sur Terre leur permit également de développer une plus grande conscience de soi ainsi que la qualité de compassion aimante.

Les hybrides El éprouvent parfois des difficultés, parce qu'ils développent un attachement à la sensualité et aux plaisirs superficiels comme les biens matériels et la propriété. Une autre difficulté réside dans leur attitude exigeante, à savoir qu'ils pensent que tout leur est dû. Cette sorte d'arrogance est peut-être due à un souvenir inconscient, ou peut-être conscient, des grands êtres qu'ils ont été autrefois. Par un amour-propre inapproprié, ils peuvent exagérer leur unicité et leur individualité, oubliant qu'ils font maintenant partie du tout de l'existence. S'ils sont mis au défi de cette manière, il est important qu'ils apprennent l'humilité et qu'ils fassent preuve d'une grande retenue.

Ils ont une forte volonté et un esprit pionnier pour entreprendre de nouvelles choses et, lorsqu'ils sont spirituellement développés, ils consacrent cette volonté à aider les autres. Les hybrides El sont avant tout des êtres intellectuels, contrairement aux hybrides Ange qui ont une tendance à l'émotion, au sentiment et à la dévotion. Les hybrides El s'intéressent à la création de formes, d'organisations, de livres et de systèmes fonctionnels. Ils ont une vision claire et la capacité de connaître intuitivement la vérité. Ils ont également un sens aigu de leur mission et de la direction à prendre, ils sont dévoués et capables de se consacrer entièrement à une tâche - des qualités souvent admirées chez les guerriers. En langage humain, ils ont l'étoffe d'un guerrier.

Cela ne signifie pas que les hybrides El manquent d'amour, pas plus que les hybrides Ange ne manquent de sagesse. Les hybrides El démontrent leur amour principalement par leur engagement indéfectible à servir la Volonté Divine, un peu comme l'amour impartial d'un prêtre plutôt que l'amour plus doux des hybrides Ange. Les hybrides El sacrifient souvent leurs relations personnelles pour servir l'Esprit, ce qui est moins vrai pour les hybrides Ange. Comme mentionné antérieurement, il se peut qu'un hybride Ange soit plus attiré par le Bhakti yoga(dévotionnel) et un hybride El par le Jnana yoga (mental).

Les hybrides El peuvent être attirés par les hybrides Ange pour apprendre la compassion et la douceur, tout en leur enseignant simultanément le discernement et le détachement. C'est pourquoi Jésus, qui a enseigné l'amour, est peut-être issu de la lignée angélique, tandis que Gautama Bouddha, qui a enseigné la sagesse, est peut-être de la lignée El. Ces voies de l'amour et de la sagesse sont toutes deux nécessaires pour devenir un Créateur conscient. Souvent, un individu alternera entre ces deux voies au cours de sa vie - ou au cours de plusieurs vies - afin d'équilibrer ces deux qualités.

J'ai beaucoup à dire sur les hybrides El, car ces derniers s'intéressent particulièrement aux Êtres Élémentaux - notez le "EL" au début du nom. Ce n'est pas par hasard que nous nous appelons Élémentaux et qu'ils s'appellent Els. Ils sont venus sur Terre pour aider les humains, mais aussi pour aider tous les êtres à développer leur conscience. Les Els sont donc avec nous depuis le tout début. Et comme les Êtres Élémentaux vivent dans une fréquence éthérique plus légère que vous, les humains, nous n'avons jamais perdu le contact avec eux. Les Els continuent à nous guider. Même lorsque les Els sont entrés dans votre monde humain sous forme d'hybrides, ils ont continué à visiter notre monde pour nous aider. Contrairement à vous, nous pouvons toujours voir l'essence d'un être, si bien que nous, les Élémentaux pouvons repérer immédiatement un hybride El. En fait, nous pouvons dire pour chaque personne quel type d'hybride elle est, mais je ne veux pas m'éloigner du sujet ... !

Pour être plus précis sur l'aide qu'ils apportent, j'aimerais souligner que les Êtres Élémentaux ne seraient peut-être pas devenus des êtres conscients sans eux. Ils nous ont appris dès le début à développer notre esprit, à devenir conscients et aussi, bien sûr, à être fidèles à la volonté divine. Oui... sans eux, nous aurions pu nous égarer.

✦ Hybride El : ELLIE

"Enfant, j'appréciais la compagnie des adultes. J'écoutais attentivement leurs conversations et prenais souvent tout le monde par surprise lorsque je faisais une observation ou un commentaire. J'étais une sorte de je-sais-tout. J'avais l'impression, à un certain niveau, de tout savoir. Plus tard, j'ai réalisé que j'avais une intuition claire et puissante."

Dans le milieu académique j'ai souffert parce que je me sentais limitée et je désirais ardemment "faire mes preuves" avec les intelligences que j'appréciais le plus, à savoir les intelligences intra- et inter- personnelles. J'ai placé ces dernières au centre de mes recherches et de mes études pendant la majeure partie de ma vie d'adulte. Un jour, un collègue avec qui j'aimais étudier s'est tourné vers moi, exaspéré, et m'a dit : "Tu penses trop !" Je n'arrivais pas à comprendre. Comment peut-on penser TROP ? On m'a dit que j'étais comme une sorcière ou encore que je faisais peur aux hommes. Récemment, un homme qui m'intéressait m'a dit : "Tu me fais peur... tu as trop de connaissances."

"Toute ma vie, j'ai fait preuve d'une grande concentration. Cela s'est traduit par une adhésion dévouée à la pratique spirituelle/méditative, par le travail sur les rêves, par l'étude de nombreux domaines de connaissances, comme le chamanisme, l'astrologie, la géomancie, l'art thérapie selon l'anthroposophie et le travail biographique. J'ai un très large éventail d'intérêts et j'aime presque tout ce que je fais. Il m'est presque insupportable de faire quelque chose qui n'est pas directement lié à l'apprentissage, à la croissance ou au service d'une manière ou d'une autre. Je ne voyage pas uniquement pour le plaisir. Je voyage toujours pour suivre un cours, donner un cours ou poursuivre une recherche importante."

"Cela a causé certaines difficultés pendant mon mariage ; je ne voulais pas assister à des événements ou à quoi que ce soit, si la situation n'était pas d'une manière ou d'une autre reliée à mon travail, à mes études ou aux relations dans lesquelles je m'étais engagée. Je ne pouvais pas m'asseoir et avoir des conversations superficielles."

"J'ai toujours ressenti une forte motivation ; j'ai toujours eu l'impression que chaque instant de ma vie était précieux et j'ai travaillé très dur dans tout ce que j'ai fait, en me donnant toujours à 110%. Disons que je travaille quand je suis éveillée et je travaille quand je dors."

"Sur le plan spirituel, je suis très éclectique. Adolescente, je portais simultanément une croix en or, une étoile de David en or et un petit bouddha autour du cou. Dans ma vie d'adulte, la capacité naturelle à créer un espace rituel sacré m'a servi pour créer des cérémonies que j'ai dirigées pendant des décennies – que ce soit pour des mariages, des naissances, des décès, des passages à l'âge adulte, etc. Je respecte toutes les voies religieuses et les pratiques spirituelles de la même manière."

"Pendant la méditation lors de l'atelier de Tanis sur les hybrides, je me suis souvenue de mon arrivée sur la planète, après avoir fait le vœu d'y rester - peu importe le temps que cela prendrait - pour aider au développement de la terre. Il n'y avait pas de retour en arrière possible. Je suis venue en tant qu'aide aux aidants, au service d'un grand nombre d'initiatives différentes. C'est le rôle que je joue dans cette vie : rendre possible le travail de certains enseignants."

Hybride El : BARBARA

"J'ai tendance à être observatrice et à avoir une pensée claire. J'ai remarqué que d'autres laissaient leurs émotions entraver leur réflexion et leur prise de décision. Bien sûr, je vis aussi des moments chargés d'émotions, mais pas tous les jours et sur tous les sujets. Je suis plus centrée mentalement que beaucoup d'autres et j'ai tendance à voir les choses sous l'angle de la pensée logique et de la planification. J'ai tendance à être très organisée lorsque je veux accomplir quelque chose. Certaines personnes pensent que je suis trop sérieuse et qu'il n'est pas très amusant de travailler avec moi. Ainsi, certains de mes amis me disent qu'ils ne travailleront avec moi que s'il y a un peu de plaisir."

"J'ai tendance à être autoritaire. J'ai dû apprendre à maîtriser cette partie de ma nature. Mais fondamentalement, j'ai toujours su quand une situation devait être changée – je savais que je pouvais la changer- et je savais comment le faire. Cela peut être agaçant pour les autres, et j'ai donc assoupli cet aspect de ma vision de la vie."

"J'ai toujours eu tendance à me surpasser. J'essaie d'en faire trop ; ou comme ma mère l'a toujours dit à mon sujet : 'Tu brûles la chandelle par les deux bouts'. Je suis sûre que cela l'a souvent épuisée. Mais je sais que j'épuise tous ceux avec qui je vis, et j'ai donc dû prendre conscience que je pouvais être "trop" ou "trop énergique" pour d'autres personnes."

"Je sais écouter et lorsque les autres ont des problèmes, je sais prendre de la distance pour entrevoir une bonne solution. J'ai des compétences en matière de leadership sur lesquelles je peux compter si cela s'avère nécessaire. Je laisse de plus en plus les autres prendre les choses en main, car j'ai de moins en moins d'énergie ces jours-ci pour résoudre tant de problèmes. Je suis intuitive et je vois souvent la direction que prennent ou prendront les choses. Je suis douée pour diriger avec compassion et intelligence des projets d'avant-garde qui apportent des changements utiles et pour développer de nouvelles façons de faire les choses. J'ai été un peu pionnière dans le domaine de l'éducation et quand il s'agit de contribuer au changement."

🐾 Hybride El : PETRA

Mentalement, je suis très créative, toujours à la recherche d'une solution "hors des sentiers battus", et j'abandonne rarement tant que l'objectif - qu'il soit, pour moi ou pour les autres - n'est pas atteint. La difficulté la plus importante à laquelle je suis confrontée, pour moi et mes proches, est peut-être le fait que j'ai toujours l'impression de connaître la meilleure façon de faire les choses, le meilleur chemin que les autres doivent suivre, etc. Apprendre le détachement a été un véritable défi."

"Je suis douée pour créer des structures. Au cours de cette vie, j'ai mis ce besoin/cette capacité à profit, à la fois pour moi-même et pour les autres. J'ai eu une carrière très réussie en tant que commandante des opérations de recherche et de sauvetage au Nouveau-Mexique et au Colorado. J'étais chargée de créer une forme/structure permettant de retrouver des avions disparus, des randonneurs et des chasseurs égarés, et de dispenser des cours pour que le grand public puisse s'aider lui-même dans des régions sauvages. Lors de ma plus grande opération de recherche, j'avais plus de 400 personnes sous mes ordres. J'ai également participé à la gestion d'une association environnementale à but non lucratif pendant plus de dix ans. De plus, j'ai élevé cinq enfants, j'ai organisé leur vie, ou du moins essayé de le faire !"

" La plus précieuse leçon que j'ai apprise dans cette vie en tant qu'hybride El est que c'est un véritable cadeau d'avoir un lien avec tous les êtres de cette planète, qu'il s'agisse d'Êtres Élémentaux, d'animaux, de plantes, de roches ou d'humains. Maintenant que j'ai des connaissances sur les hybrides El, je comprends pourquoi j'ai besoin de superviser le monde."

CONSEILS UTILES POUR L'HYBRIDE EL

1. Vous avez tendance à penser que vous savez mieux que les autres ce qu'ils doivent faire. Vous avez peut-être raison, mais c'est une habitude agaçante. Trouvez d'autres moyens de formuler vos opinions et apprenez à vous en détacher.

2. Le point précédent peut conduire à l'arrogance, une autre habitude irritante. Vous pouvez développer l'humilité, sinon l'univers vous aidera à le faire.

3. Vous êtes un leader naturel et, si telle est votre destinée, vous serez choisi pour exercer cette fonction. Servez les autres avec compassion comme vous servez le Divin.

4. Pardonnez-vous de ne pas être parfait. Vous avez parcouru un long chemin, alors soyez tolérant envers vous-même et envers les autres.

5. Vous n'êtes pas seulement sur Terre pour travailler, mais aussi pour profiter de la vie sur cette belle planète. Détendez-vous et amusez-vous davantage.

LES ÊTRES HORUS

Il existe d'autres êtres stellaires, en plus des Els, qui étaient des Créateurs à part entière dans leur propre système stellaire et qui sont venus sur Terre pour aider à l'évolution des formes de vie ici. L'un d'entre eux est Garuda, une divinité gigantesque ressemblant à un aigle, vénérée dans le bouddhisme et l'hindouisme à travers la Chine, la Thaïlande et l'Inde. L'une des premières références à cette divinité se trouve dans les anciens Védas, où l'on dit que ce puissant oiseau du nom de Śyena a apporté le nectar de l'immortalité du Ciel à la Terre. Considéré comme un guerrier intelligent et redoutable, il est appelé Corbeau par les Premières Nations de la côte nord-ouest du Pacifique. On dit qu'il est à la fois le Créateur du monde et un « Trickster ». Les Cowichan, un peuple autochtone de la côte de la Colombie-Britannique, croyaient que ces êtres pouvaient prendre une forme humaine et même se marier au sein de familles humaines.

Les cultures indigènes du Sud-Ouest américain, des Grands Lacs et des Grandes Plaines appellent ces êtres des "Oiseaux-tonnerre", et le nom Lakota qui leur est donné signifie "sacré". Nous pourrions penser que les Oiseaux-tonnerre ne sont que des créatures issues de notre imagination, mais de nombreux mythes, comme nous l'avons appris, sont fondés sur la réalité. Aujourd'hui encore, des fermiers du centre de l'Amérique du Nord ont rapporté avoir vu des Oiseaux-tonnerre - des oiseaux gigantesques qui émergent, comme s'ils sortaient du néant, avant de violents orages. Ils peuvent apparaître à ce moment-là en raison du changement de polarités électriques entre les dimensions où ils existent et notre troisième dimension. Ces Oiseaux- tonnerre, bien qu'intelligents et féroces, pourraient être une version dérivée des créatures connues sous les noms de Garuda, Corbeau ou Horus.

Dans la mythologie égyptienne, ce même être est appelé Horou - ce qui signifie "le Lointain" – et est représenté avec une tête de faucon. Horou, ou Horus, comme l'appellent les Grecs et comme nous le connaissons, est l'enfant d'Isis et d'Osiris, tous deux toujours représentés sous une forme humaine. Horus est une figure christique qui a combattu et gagné une guerre contre Seth, le dieu égyptien des Enfers.

Tous ces mythes indiquent qu'un être intelligent ressemblant à un oiseau a toujours été impliqué dans l'évolution humaine. Des preuves ont été trouvées dans les archives de l'Égypte ancienne. Le grand prêtre égyptien Manéthon (Ma-n-Thoth), également appelé "Maître des secrets" vivant au troisième siècle avant notre ère, avait accès à la bibliothèque d'Alexandrie. Il a écrit une histoire de l'Égypte en trois volumes, l'Aegyptiaca, dans laquelle il rapporte que les dieux Osiris, Horus et Thot (entre autres) ont régné de 33 894 à 23 642 avant notre ère. Après cette période, les Shemsu Hor, appelés "disciples d'Horus", ont régné pendant 13 400 ans. Ce sont des hybrides d'humains et d'oiseaux sacrés.

Le Canon royal de Turin, aussi appelé Papyrus de Turin, est exposé au musée d'égyptologie de Turin. Il date de Ramsès II et présente une liste de tous les pharaons qui ont régné en Égypte. Cette liste comprend non seulement les pharaons historiques, mais aussi les "pharaons divins venus d'ailleurs" qui ont régné avant la première dynastie de Ménès. Il est intéressant de noter que le Papyrus de Turin affirme que ces pharaons divins ont régné pendant 13,420 ans, ce qui est presque identique aux dates mentionnées dans l'Aegyptiaca. Ce sont les mêmes disciples des hybrides Horus qui ont été décrits dans l'histoire de l'Égypte de Manéthon.

Existe-t-il des preuves archéologiques de l'existence d'une population prédiluvienne ? L'archéologue Walter B. Emery, auteur du livre Archaic Egypt, a trouvé les restes de personnes ayant vécu à une époque prédynastique. Le professeur Emery a identifié ces personnes comme étant des disciples d'Horus et a estimé qu'elles remplissaient un rôle sacerdotal important. Leurs crânes sont plus grands que ceux des humains actuels et sont dolichocéphales, ce qui signifie que le crâne, vu du dessus, est ovale et environ vingt-cinq pour cent plus long que large. Non seulement ces crânes sont plus grands que la moyenne, mais les squelettes sont également plus larges et plus lourds.

De tels crânes allongés ont été trouvés au Pérou chez trois peuples dolichocéphales pré-incas : les Chinchas, les Aymaras et les Huancas. Certains crânes ont été conservés à l'état naturel, tandis que d'autres ont été bandés pour prendre la forme ovale. Tiahuanaco, la plus ancienne cité pré-inca de Bolivie, à la frontière du Pérou, date de la même époque que l'Égypte prédynastique et des crânes allongés de cette période peuvent être vus au musée de Tiahuanaco.

De plus, environ 700 de ces crânes ont été découverts dans l'hypogée de Hal Saflieni et dans les tombes des temples mégalithiques de Taxien et de Ggantja à Malte. Le Dr. Anton Mifsud et le Dr. Charles Savona Ventura ont analysé les crânes et ont découvert trois groupes différents, certains d'origine totalement naturelle, et d'autres qui avaient été bandés comme les crânes péruviens plus tardifs. Ces êtres, comme c'est le cas en Égypte, semblent s'être consacrés à la prêtrise et à l'enseignement, et s'être maintenus quelque peu isolés.

Ces crânes ne sont plus exposés. Les humains se sentent mal à l'aise de remettre en question leur théorie de l'évolution sur la base de découvertes qui ne correspondent pas au fait que nous ayons évolué à partir d'une créature ressemblant à un singe.

Je ne dis pas que ces crânes appartiennent spécifiquement à l'être Horus, mais ils appartiennent sans aucun doute à une espèce plus ancienne que celles actuellement sur Terre et je pense qu'ils constituent un lien archéologique avec une (ou plusieurs) race(s) stellaire(s).

Horus est associé à Isis et Osiris, qui venaient à l'origine de Sirius, mais avec sa tête de faucon, il est manifestement d'une lignée différente. Des indices sur son origine se trouvent dans la mythologie sumérienne. Dans le pays de Sumer, le dieu principal Enlil était le dieu du souffle, du vent, du vol et de l'espace - des qualités que nous associons aux oiseaux - et le dieu Enlil était associé à l'étoile Arcturus.

Le Dr Jim Hurtak, dans *The Keys of Enoch*, affirme également que ces êtres Horus viennent d'Arcturus et que leur rôle est de créer des formes de vie évoluées dans notre galaxie par le biais de manipulations génétiques en accord avec le Plan Divin.

Les êtres Horus participent à l'évolution des oiseaux sur Terre et les aident à développer plus d'amour et de compassion. Les oiseaux ont évolué à partir de dinosaures qui étaient des créatures à sang froid, mais les oiseaux ont maintenant le sang chaud, ce qui montre que l'amour et l'affection se développent en eux.

De nombreuses qualités chez les oiseaux se retrouvent également chez les êtres Horus et aussi chez les hybrides de cette lignée.

Les hybrides Horus ont le don de voir clair et loin, ils sont capables de voir le futur et le passé et d'exister simultanément dans le présent, le passé et le futur. Grâce à leur vision claire, les hybrides Horus aident les êtres d'autres évolutions à découvrir leur essence en leur renvoyant le reflet de ce qu'ils sont, comme le fait un miroir. Les hybrides Horus préfèrent être seuls, bien qu'ils soient entrés dans l'évolution humaine pour faire l'expérience de faire partie d'un groupe, d'être dépendants et de se joindre aux autres. Les hybrides Horus ont généralement un corps frêle mais néanmoins robuste pour leur poids.

Ils peuvent voir l'histoire de notre planète et de toutes ses espèces, et ils sauvegardent ces souvenirs pour les partager avec d'autres formes de vie sensibles. Le don de ces hybrides, en tant qu'êtres aériens vivant près des éthers, est de capter par télépathie ce qui va se produire dans le futur, ainsi que de percevoir les nuances subtiles chez les autres. En raison de leur grande sensibilité, les hybrides Horus peuvent se sentir facilement rejetés, mais ils ont aussi une nature impatiente et s'énervent rapidement contre les autres.

Les Grands Êtres Horus vivent dans des dimensions beaucoup plus élevées que les humains et, au fur et à mesure que nous évoluons et que nous nous déplaçons vers ces royaumes supérieurs, leurs hybrides deviendront de plus en plus forts et seront encore plus appréciés pour leurs dons. Ils se sont engagés à servir le Divin et cherchent des moyens de le faire.

Comme nous le voyons dans les mythes de nombreuses cultures, les hybrides Horus font face parfois à certaines difficultés. Ainsi si on les provoque, ils parleront ou agiront violemment comme un guerrier pour se défendre et protéger leurs frontières.

Les hybrides Horus semblent parfois froids et détachés en raison de leur nature plus introvertie. Ils sont souvent athlétiques et aiment le plein air et le sport. S'ils sont mariés, ils mènent souvent des vies séparées et ont des intérêts différents de ceux de leur partenaire.

Les Êtres Horus sont bien connus *des Êtres Élémentaux car ils vivent dans notre dimension, qui est plus légère que celle dans laquelle vous les humains vivez. À leur égard j'ai un avis un peu mitigé. Intelligents, oui ; engagés envers l'Esprit divin, oui ; capables de voyager dans de nombreuses dimensions et de montrer aux autres comment le faire, oui. Cependant, essayez simplement d'attirer leur attention... c'est là que réside la difficulté. Ils sont tellement concentrés sur ce qu'ils font qu'ils ont tendance à s'impatienter lorsque des êtres plus faibles (comme les Êtres Élémentaux) ont besoin d'aide.*

Pour être juste, je ne parle que de ceux qui sont dans notre dimension. J'ai entendu dire que ceux qui se trouvent dans des dimensions supérieures ont une patience remarquable et qu'ils sont présents sur Terre depuis le début, travaillant sur le génie génétique pour améliorer les espèces. Oh, et autre chose : ils sont impliqués dans l'évolution des oiseaux. Ce sont aussi des guerriers pour le bien dans des dimensions supérieures. Ici, où je me trouve, ils ont tendance à être un peu prétentieux et à se croire un peu meilleurs que les autres.

Je peux entendre ma coautrice Tanis penser que je suis trop sévère avec eux. Eh bien, peut-être. Je ferais mieux de boire un peu de thé pour me détendre.

❀ Hybride Horus : RACHEL

J'ai une bonne amie qui est une hybride de faucon et qui vit en ermite. Rachel a beaucoup de mal à se retrouver dans des groupes de personnes ou des foules. C'est juste trop perturbant pour elle. Elle souffre également de problèmes de peau, ce qui peut parfois représenter un problème de limites avec les autres. Elle est physiquement forte, malgré sa petite taille, et a étudié sérieusement la danse classique jusqu'à l'âge adulte. Rachel n'est pas nécessairement d'accord avec toutes mes perceptions sur les hybrides Horus, ni celles sur elle d'ailleurs. C'est pour cette raison qu'il est important qu'elle s'exprime.

"Je me sens bien toute seule ; j'ai un petit nombre d'amis proches mais je ne fais pas partie d'un groupe. En réunion, si je pense à quelque chose de pertinent qui n'a pas été dit, je le dis. Si les émotions deviennent trop intenses et que l'on essaie de me convaincre verbalement, je me retire pour laisser résonner en moi ce qui a été dit et pour pouvoir réfléchir aux conséquences d'un plan."

"Je suis surprise de voir que je perçois les autres parfois de manière tout autre que mon partenaire. Il est alors important pour moi d'examiner ces différences de perception. Sont-elles le résultat de points de vue différents, d'histoires personnelles ?"

Comparé à la plupart des gens, j'ai beaucoup de patience vis-à-vis des personnes ennuyeuses, rabâcheuses, égocentriques et lentes. Attendre ne me dérange pas. Certaines choses prennent du temps. Si les gens sont agacés par ma lenteur, ils seraient vraiment surpris de voir mon frère. En général, je ne suis pas colérique mais, face à des provocations répétées, je réagis rapidement et fortement. Je me surprends parfois moi-même. Il y a deux ans, j'ai frappé une infirmière qui me traitait comme une enfant de deux ans."

"Pour moi, le temps linéaire a toujours coexisté avec « tout le temps », tout est présent en même temps. En être consciente est une autre chose. Le temps va et vient. Il en va de même pour l'espace – ni l'un ni l'autre ne sont rigides. J'ai été élevée selon l'idéal de regarder au-delà de soi. Cela comporte des aspects extérieurs, évidents pour les cinq sens, et un aspect intérieur consistant à regarder dans la coquille, en honorant les guides intuitifs et (apparemment) aléatoires."

Hybride Horus : HANNA

"Je peux faire des bruits de couinement. J'ai deux trous distincts là où ma mâchoire supérieure, derrière mes dents de devant, ne s'est pas complètement refermée. Par mes narines, je peux aspirer l'air et le faire descendre dans ma bouche, ce qui produit un gazouillis aigu qui ressemble à celui d'un oiseau. Jusqu'à présent, je n'ai rencontré qu'une seule autre personne possédant cette même habileté."

"J'ai toujours eu une silhouette élancée. J'étais une bonne athlète (j'ai pratiqué plusieurs sports au niveau universitaire), mais je suis assez maladroite. Sexuellement, je n'ai jamais été intéressée. Parfois, j'ai envie d'être touchée, mais j'ai peur en même temps."

"Sur le plan émotionnel, j'ai toujours été une solitaire. J'étais une enfant timide et très réservée. Je détestais me retrouver dans des situations où je devais faire la conversation. Je ne me suis jamais sentie membre d'un groupe, mais j'avais des amis dans tous les groupes. Être seule, c'est merveilleux ! J'ai toujours préféré être seule plutôt qu'avec d'autres. Je n'ai jamais eu besoin d'un groupe pour me sentir valorisée, mais lorsque j'étais entourée d'autres personnes, je sentais que j'avais besoin de leurs louanges pour me sentir digne à leurs yeux - et ensuite aux miens. Néanmoins, dans cette vie, j'essaie consciemment d'être avec des gens et de partager avec eux mes états d'âme."

"Exprimer mes pensées est difficile pour moi. Je n'arrive pas à le faire comme je le voudrais. M'exprimer, trouver les mots justes, me souvenir des choses sur le moment, tout ça est ardu pour moi. De plus, lors d'une conversation, je ne peux rester concentrée sur un sujet pendant une longue période. Mon esprit veut penser à autre chose. Je suis frustrée parce que je sais ce que je veux dire, mais je n'arrive pas à l'articuler. Finalement, à ce stade de ma vie, je me dis : "Et bien…ça viendra un jour ou non ! Ce n'est plus un problème."

"Pendant la première moitié de ma vie, j'étais très sensible à la façon dont les autres me percevaient, mentalement et physiquement. Je me sentais facilement rejetée, ce qui m'empêchait de faire partie d'un groupe. Je suis impatiente et je deviens vite agacée par les gens qui ne cessent de raconter leur vie et qui n'en sortent pas. J'ai envie de leur dire : "Passez à autre chose et allez de l'avant". Comme j'aime être seule, il m'est difficile de prendre du temps pour faire partie d'un groupe. L'apprentissage de la compassion authentique, de la générosité, de la connexion avec les autres et du service vis-à-vis d'eux, tout ça n'est pas facile pour moi. Si je me concentre, je peux ressentir ce que les autres ressentent et me mettre à leur place, je sais donc que c'est possible."

"Je suis douée pour la création artisanale, le jeu des couleurs et j'ai une certaine sensibilité tactile. J'aime jouer de la flûte amérindienne, me connecter avec le flux d'air et ses vibrations, et pouvoir imiter les tonalités produites par les oiseaux. Entendre jouer de la flûte amène les gens à un autre niveau d'écoute, de sentiment, de conscience, et les aide à s'élever. Je suis loyale et engagée envers Dieu, l'Esprit divin, et j'ai confiance en lui. Je peux aujourd'hui partager cela avec d'autres personnes tout en étant moi-même."

"Je savais que Dieu, l'Esprit divin, prendrait toujours soin de moi, peu importe ce que j'aurais à affronter dans cette vie. Je n'ai jamais su d'où venait cette croyance ; je l'ai simplement acceptée avec gratitude. Je trouve triste que d'autres personnes n'aient pas cette certitude dans leur vie. La plus grande leçon que j'ai apprise est que Dieu est en toutes choses et que mon amour, ma confiance et ma compassion doivent s'étendre à tous les êtres vivants. Aimer Dieu est merveilleux, mais aimer toutes les créatures et les choses créées par Dieu représente pour moi le véritable amour."

CONSEILS UTILES POUR L'HYBRIDE HORUS

1. Laissez tomber les tendances perfectionnistes qui vous rendent impatient avec vous-même et avec les autres.

2. Réalisez que vous êtes un être humain. Vous êtes entré dans cette évolution et vous êtes donc l'un d'entre nous. Cela a des bons et des mauvais côtés : Acceptez-les.

3. Vous avez des talents remarquables qui sont souvent sous-estimés à ce stade de l'évolution humaine. Aimez les personnes qui vous voient et vous acceptent et soyez patient avec les autres. Votre heure viendra.

4. Vous êtes venu ici pour apprendre l'amour. Célébrez toutes les personnes sur votre chemin et toutes les occasions qui vous permettent d'apprendre à aimer.

5. Exercez-vous à transmettre vos idées et vos pensées à d'autres personnes par télépathie, lorsque vous avez des difficultés à communiquer verbalement.

LES ÊTRES PAN

Les êtres Pan sont originaires des étoiles, où ils étaient des Créateurs à part entière. Ils sont chargés de veiller sur les Êtres Élémentaux sur la Terre. Dans la mythologie grecque, Pan était le fils du dieu Soleil Cronos, qui devint plus tard le père de Zeus, l'un des premiers dieux olympiens. Pan a donné des chiens de chasse à Artémis et a enseigné à Apollon le don de prophétie, ce qui indique qu'il était plus âgé que les dieux de l'Olympe.

Le culte de Pan était bien établi en Thrace, dont la plus grande partie correspond à la Bulgarie actuelle, et s'étendait même jusqu'à la civilisation cimmérienne. Ces deux cultures ont une origine indo-européenne commune.

Dans des récits encore plus anciens, datant du milieu de l'Âge de Bronze, le Poisson-Bouc associé à la constellation du Capricorne, était représenté comme un bouc avec une queue de poisson. Cette relation pourrait expliquer pourquoi Pan est souvent représenté avec des pieds et des cornes de bouc ainsi qu'avec un torse humain. À Babylone, le Capricorne était associé au dieu Ea, le dieu de l'eau - un autre mythe reliant les êtres Pan à la constellation du Capricorne.

Pan entre dans l'histoire lorsque Midas, roi de Phrygie entre 718 et 709 avant notre ère et appelé Mitta-a par les Assyriens contemporains, préfère le jeu de flûte rustique de Pan à celui d'Apollon. Il est probable que le culte de Pan s'étendait à l'origine à l'Éthiopie, à la Libye, à l'Arabie et peut-être même à l'Inde.

Plus tard, le culte de Pan a été associé au dieu grec Dionysos, fils de Zeus élevé par des Nymphes dans la nature. Le culte de Dionysos était étroitement associé aux arbres, en particulier au figuier, ce qui pourrait être lié au fait que Dionysos se sentait chez lui dans les bois. Cette référence pourrait également signifier que Dionysos est lié à l'Arbre du Monde, à l'Arbre de Vie et à l'énergie kundalini. Dionysos est un dieu mourant qui aide ses fidèles à connaître une mort spirituelle et une résurrection. Ce don est également présent chez Pan et les hybrides Pan.

Les compagnons de Pan et de Dionysos étaient des Satyres ou des petits Pan qui ressemblaient à Pan et se comportaient comme lui. De nombreux talents de Dionysos ont été hérités de Pan. Quand les cultures changent, les anciens dieux sont souvent remplacés par de nouveaux qui correspondent mieux aux valeurs de la nouvelle culture.

Par exemple, les images anciennes de Dionysos le représentent comme un homme mûr et barbu, un peu à l'image de Pan. Plus tard, les Grecs (amoureux de la beauté physique) ont remplacé la créature de Pan, poilue et potelée ressemblant à un bouc, par un jeune homme physiquement attirant, souvent nu et robuste - l'image actuelle de Dionysos.

Les traditions populaires hébraïques et arabes font référence toutes deux à des sacrifices faits à des diables hirsutes de la montagne ; la traduction anglaise de ces "êtres poilus" est devenue Satyres dans la *Bible du roi Jacques*. Lorsque le christianisme a remplacé les anciennes religions de la nature et païennes, le mot Satyre est devenu Satan, et Pan et ses adeptes ont été qualifiés de maléfiques.

Examinons les dons de Pan et de Dionysos, car ce sont eux qui peuvent montrer la voie aux hybrides Pan dans l'évolution humaine.

Pan et Dionysos avaient une sexualité débridée et étaient attirés tant par des amants masculins que féminins. Bien que les hybrides Pan ne ressentent pas physiquement ce désir, ils éprouvent dans leur cœur de l'amour pour les hommes et les femmes à un degré de profondeur que les autres hybrides humains connaissent rarement. Les hybrides Pan peuvent rechercher des relations intimes, sinon sexuelles, avec les deux sexes.

Pan et Dionysos aimaient tous deux la musique et le vin, et ils buvaient, dansaient et avaient des relations sexuelles excessives pour atteindre l'extase. Ce n'était pas seulement pour des raisons physiques, mais aussi pour parvenir à une véritable union avec l'Esprit divin, un désir que l'on retrouve aussi chez les hybrides Pan. Cette façon complètement débridée de pratiquer le culte est contraire à celle que l'on trouve dans les cultes judaïque et chrétien. Les hybrides Pan ne sont pas attirés par les religions traditionnelles et sont souvent prêts à vivre en dehors des limites de ce qui est considéré comme la norme culturelle.

Physiquement, Pan et ses compagnons sont poilus, avec le postérieur, les jambes et les cornes d'un bouc. Pan a un ventre rond et, dans les représentations plus anciennes, il est barbu avec une couronne de lierre dans les cheveux. Dans la mythologie grecque, Pan était le dieu des bergers et des troupeaux. Les hybrides Pan préfèrent vivre dans des environnements naturels sauvages et isolés et dans les forêts. Leurs dons se rapportent à la fertilité, la sexualité et la musique. Lorsque je pense à des personnes célèbres qui présentent les caractéristiques d'un hybride Pan, c'est le danseur de ballet Rudolf Noureev, charismatique et aux mœurs très légères qui me vient à l'esprit.

L'un de mes amis, qui est un hybride Pan, a effectivement des bosses sur le crâne à la place des cornes et son physique ressemble beaucoup à celui de Pan. Il est généreux et les femmes l'aiment, ce qui est commun aux hybrides Pan. Il joue d'un instrument à vent et pratique des techniques de guérison faisant appel à des plantes psychotropes.

Pan et ses disciples Satyres sont connus pour être attirés par les Nymphes. Selon la mythologie grecque, les Nymphes animent la nature et se répartissent en cinq catégories : Céleste, Eau, Terre, Plante et Monde souterrain. Elles vivent dans les montagnes, les forêts, près des sources et des rivières et ne meurent pas de vieillesse ou de maladie, mais elles ne sont pas immortelles. Les Nymphes aiment danser, chanter et faire l'amour. Il s'agit évidemment d'une description des Êtres Élémentaux. Les hybrides Pan sont attirés par les femmes ayant un héritage Élémental et vice versa !

D'autres cultures ont également des êtres semblables à Pan. Kokopelli, dans le Sud-Ouest américain est une créature sauvage similaire qui jouait de la flûte comme Pan. Lorsque Kokopelli entrait dans une ville, les femmes et les enfants le suivaient dans la nature, laissant derrière eux leurs maris et la civilisation. Kokopelli, connu pour ses pouvoirs sexuels, aidaient les femmes à concevoir. Celles-ci aimaient sa compagnie, ce qui rendaient les hommes locaux souvent jaloux. La réaction de ces hommes illustre bien la jalousie qui peut naître chez les hommes, attachés à la raison, et qui ne peuvent pas se permettre d'être proches de leurs enfants ou de leurs femmes - ou même d'eux-mêmes.

Kokopelli et Pan utilisent leur énergie kundalini pour la créativité, la sexualité, le plaisir et la transformation spirituelle. Les hybrides Pan ont la capacité d'aider les hommes, les enfants et les femmes à se libérer de leurs inhibitions sexuelles et à vivre dans la joie.

Cependant, leur bon cœur et leurs dons de guérison sont souvent mal compris et ils sont blessés par des personnes qui les rejettent, soit par jalousie soit par peur de ces dons.

Les hybrides Pan ont un don avec le feu de la dé-manifestation. Comme les hybrides Gobelin, les hybrides Pan voient ce qui a besoin d'être libéré et dé-manifesté, que ce soit chez un individu, dans une organisation ou un jardin. Ils excellent à enlever "le bois mort" pour ramener la santé et la vitalité. Tous les gens n'ont pas envie de se trouver en permanence dans un tel contexte, ce qui signifie que, bien qu'ils soient attirés par les hybrides Pan, ils ne veulent pas être entourés d'eux. C'est ce paradoxe que les hybrides Pan doivent apprendre à accepter.

Les hybrides Pan ont plus de difficultés à manifester qu'à dé-manifester. Ils manifestent en éliminant ce qui ne fonctionne pas ou ne convient pas, de sorte que ce qui reste redevient sain. Les hybrides Pan sont souvent isolés dans notre culture, car celle-ci ne reconnaît pas leurs dons comme étant une grande contribution au monde.

Pan aime les Êtres Élémentaux et les aide toujours dans leur évolution. Ceux-ci considèrent Pan comme l'un de leurs principaux enseignants, car il est associé aux espaces sauvages et aux forêts.

Lloyd : Ma co-autrice avait envie d'écrire ceci, mais c'est mon tour. A chacun sa part ! De toute façon, elle sera sûrement d'accord avec ce que je dis.

Nous, les Êtres Élémentaux, aimons le Grand Dieu Pan ; il est et sera toujours notre principal dieu, car c'est un dieu de la nature. Pour la même raison, nous aimons également ses compagnons, les Satyres. Nombre d'entre eux travaillent encore aujourd'hui avec nous dans notre royaume. Nous connaissons le Christ et nous l'aimons aussi, mais pour nous, Élémentaux, c'est Pan qui nous comprend et qui est comme nous. Nous nous identifions mieux à lui.

Tanis n'a pas mentionné que Pan est une figure christique. Jésus a repris l'histoire de Pan et de Dionysos, celle du dieu qui meurt et renaît. C'est bien, tant que les chrétiens admettent que les Êtres Élémentaux peuvent évoluer et s'élever aussi bien qu'eux. Pan est un être éclairé et le chef des Êtres Élémentaux. Il travaille avec le Conseil Karmique humain pour décider quels Êtres Élémentaux entreront dans l'évolution humaine en tant qu'hybrides. Bravo Pan !

Hybride Pan : RUFUS

"Ma mère m'a dit que j'étais né avec un duvet le long de ma colonne vertébrale. Celui-ci a disparu en quelques jours. Enfant, je ne jouais pas beaucoup avec des jouets. J'étais toujours dehors, souvent dans la forêt. Mon endroit préféré était le ruisseau ou la rivière près de la cascade à l'arrière de notre propriété. Je n'avais pas le droit d'aller à la rivière parce que je risquais d'y tomber, mais je n'étais pas très doué pour obéir quand cela m'empêchait de jouer ! À l'âge de dix ans, mon père m'a dit qu'il ne savait plus quoi faire de moi... J'avais l'impression de vivre ma propre vie dans la nature."

"Dans ma petite communauté de la Nouvelle-Écosse rurale, je faisais plaisir aux adultes en écoutant leurs soucis avec intérêt et en leur donnant toujours un coup de main. Je débordais d'imagination et d'idées pratiques pour faciliter la vie des adultes. Mais, en général, on ne prêtait pas beaucoup d'attention à mon inventivité, car elle était trop peu conventionnelle pour la plupart des gens. J'ai dit à ma mère, que lorsque je serais grand, je préférerais suer plutôt que de travailler derrière un bureau."

"À l'âge de vingt ans, j'ai eu un éveil spirituel après avoir navigué pendant vingt-huit jours de Vancouver à Hawaï. Je suis devenu un guérisseur spirituel et j'ai compris que le « foyer spirituel » était une réalité bien au-delà de la simple croyance. Je savais que la société avait perdu ses rythmes naturels. Après des années d'études spirituelles traditionnelles et cosmiques, j'ai commencé à apprendre la spiritualité autochtone et le chamanisme. Les arbres et les plantes me transmettaient sporadiquement des messages pour des personnes qui venaient me demander de l'aide. J'ai également reçu des messages ou des "signaux énergétiques" de la part des racines des arbres. Finalement, mon corps est devenu un indicateur de la vérité. Les clients pouvaient avoir leur histoire, mais mon corps me disait à quel endroit leurs émotions étaient bloquées."

"Toute ma vie a été consacrée à la fluidité et à l'élimination des blocages. Enfant, je réussissais souvent à faire s'écouler des fossés bouchés ou des flaques de boue. Tout le monde se confiait à moi. Aujourd'hui, dans mon travail de coaching, je me qualifie parfois de "capteur d'histoires en matière de cœur". Je sens les blocages dans les histoires de mes clients et je les aide à affronter et à déplacer les blocages émotionnels qui les empêchent de créer la vie qu'ils souhaitent. Je les aide à voir leur vraie nature... leur vrai moi. C'est ce que j'entends souvent comme feedback de la part de mes clients et des participants à mes ateliers."

⟨🐾⟩ Hybride Pan : WOLFGANG

"Dans mon corps, j'ai toujours l'envie/le besoin d'être et de bouger dans la nature afin de me sentir entier. Cependant, je n'ai pas le pied sûr et et j'ai l'impression qu'il me manque parfois d'adhérence et de contact avec la terre. La sexualité est une partie très importante de ma vie et je l'exprime avec ma partenaire. Je peux sentir pendant les rapports sexuels quand quelque chose nous sépare. Je suis visuel et j'aime regarder la beauté de ma femme nue. Mon grand souhait est de la rendre heureuse."

« L'un de mes plus grands atouts est ma capacité à m'enthousiasmer, ce qui influence les gens de mon entourage de manière positive. Par ailleurs, je suis un peu réservé dans mes paroles car je porte un grand respect pour ce qui est dit à haute voix. Je crois fermement en la justice et j'essaie rapidement de trouver un terrain d'entente dans les situations qui sont en déséquilibre. Mes émotions peuvent être très vives et intenses, mais je peux me calmer rapidement pour retrouver des émotions normales et équilibrées. Il m'est facile de me connecter à mon intuition. Parfois, les personnes avec lesquelles j'entretiens des relations étroites me considèrent comme étant une personne arrogante. Je pense que c'est parce que j'ai une grande sagesse intérieure, ce que les autres trouvent un peu inhabituel. »

« Dès mon enfance, j'ai pensé qu'en raison de ma différence, les gens ne pouvaient pas me comprendre. J'ai rarement trouvé la clé pour m'exprimer de la bonne manière. Parfois, mes proches s'irritent et se mettent en colère, et je ne comprends souvent pas pourquoi cela se produit. »

«Bien que je puisse parfois me sentir isolé, les gens m'apprécient la plupart du temps parce que j'ai le don d'écouter ce que les autres disent et aussi parce que je suis profondément compatissant. Les gens me font confiance et me disent des choses qu'ils ne diraient pas à d'autres. On m'a dit que je devrais devenir prêtre en raison de ces qualités.»

«Il est difficile pour moi de me concentrer, car mes pensées ont tendance à s'envoler dans différentes directions. Je suis à la fois droitier et gaucher, ce qui ne favorise pas la concentration. Cela me donne parfois un sentiment d'insécurité sur le plan mental. J'ai une image intérieure claire de mes valeurs personnelles, mais j'ai du mal à amener mon entourage sur la même voie. Je dois lutter pour faire coïncider mes pensées et mes intentions avec la réalité.»

«Depuis ma plus tendre enfance, la spiritualité occupe une place importante dans ma vie. Déjà enfant, j'avais mon autel secret, un endroit où je pouvais me rapprocher de Dieu. Je ressens la présence de la Sainteté surtout dans la nature, et depuis toujours, je veux apporter de la positivité dans le monde.»

«Je sens que mon plus grand talent est celui d'être responsable de la Terre Mère. Je suis reconnaissant pour tout ce que j'ai appris sur ma nature hybride. Je comprends mieux maintenant comment je peux intégrer mon moi authentique dans le monde. Grâce à mon amitié avec d'autres hybrides, je comprends davantage certains aspects de leur comportement et les raisons pour lesquelles ils agissent de telle ou telle manière. Cela m'a aidé à développer ma compassion.»

CONSEILS UTILES POUR L'HYBRIDE PAN

1. Les hommes vous considèrent souvent comme une menace en raison de votre énergie sexuelle et du fait que tant de femmes sont attirées par vous. Restez simplement fidèle à vous-même.

2. Soit les femmes vous feront entièrement confiance – alors veillez à ne pas trahir cette confiance – soit n'étant pas sûres d'elle à propos de leur propre sexualité et de leurs instincts, elles ne vous feront pas confiance non plus. Soyez délicat avec les unes comme avec les autres.

3. Les instincts sont sous-estimés dans notre civilisation avancée actuelle, de sorte que vos talents sont également sous-évalués. Il y aura toujours des personnes qui vous verront. Soyez reconnaissant envers elles.

4. Trouvez des moyens d'utiliser vos dons de dé-manifestation.

5. Veillez à vous rendre quotidiennement dans la nature. C'est une nourriture importante pour vous, qui vous gardera heureux et en bonne santé.

LES DRAGONS

Les références aux Dragons remontent très loin dans l'histoire de l'humanité. L'étoile Alpha Draconis, également appelée Thuban, le mot arabe pour "serpent", se trouve dans la constellation du Dragon (Draco), et a été l'étoile du pôle Nord de 3942 à 1793 avant notre ère.

Le Dragon a un grand pouvoir - le pouvoir de la magie. Il sait travailler avec les quatre éléments. Un Dragon peut voler (air) ; il peut nager dans et sous l'eau (eau) ; il peut vivre sur la terre dans des grottes (terre) ; et il respire et lance des flammes (feu).

Examinons plusieurs mythologies du monde entier pour mieux comprendre les qualités des dragons et de leurs hybrides.

Les représentations européennes et orientales des Dragons les décrivent comme des créatures sortant d'œufs, ressemblant à un serpent et ayant des plumes ou des écailles sur le corps. Les Dragons européens ont des ailes, alors que les Dragons orientaux n'en ont généralement pas.

Dans les mythologies chinoise et orientale, les Dragons sont généralement bienveillants, sages, vénérés et représentent les forces primaires de la nature et de l'univers. Les Dragons européens, en comparaison, sont généralement considérés comme malveillants. Pourquoi cette interprétation différente ? Dans la mythologie grecque, les Dragons étaient l'une des espèces de grands Titans, que les dieux de l'Olympe ont combattus et remplacés. Dans les mythes, les anciens dieux sont souvent vilipendés par les suivants. C'est également le cas dans le christianisme, où les dragons étaient reliés au mal. L'archange Michel et Saint-Georges ont souvent été représentés en train de tuer des Dragons, lesquels étaient associés à la sexualité et aux premières croyances païennes.

En Mésoamérique, le Dragon est représenté par le serpent à plumes Quetzalcoatl. Le culte de Quetzalcoatl a débuté au premier siècle avant notre ère et s'est poursuivi jusqu'à l'arrivée de Cortez en Amérique au début du XVIe siècle. Quetzalcoatl est une figure à l'image du Christ, dont la mère serait soit une vierge à qui le dieu Onteol serait apparu en rêve, soit la Mère des Dieux et Déesse de la Terre. Coatlicue, qui aurait formé toutes les étoiles de la Voie lactée.

Quetzalcoatl, comme dans la mythologie chinoise, était bienveillant. En Mésoamérique, on lui attribue le mérite d'être allé dans le monde souterrain pour créer l'humanité pour notre cycle d'évolution actuel du cinquième monde. Il a créé les humains à partir des os des espèces précédentes et en utilisant son propre sang. Il a apporté la civilisation à l'humanité en inventant les livres et le calendrier, il nous a appris à cultiver le maïs et parfois, il a été un symbole de mort et de résurrection.

Les Dragons sont des êtres réels qui existent à une fréquence supérieure à la nôtre, c'est pourquoi peu d'entre nous les ont vus. Le Grand Dragon Cosmique est le chef des Dragons, comme Pan est le dieu des Êtres Élémentaux, et le Christ est le chef spirituel de l'humanité. Ce Dragon Cosmique est un être d'une grande sagesse qui se rapproche de plus en plus de nous pour observer comment la Terre est en train de naître au sein de la communauté des planètes conscientes et pour l'assister dans ce processus. Le symbole de ce processus se trouve dans la tradition chinoise et est représenté par un Dragon encerclant l'Oeuf Cosmique.

Actuellement, le Dragon Cosmique couve la Terre, et la coquille – le "ring-pass-not" (Anneau de non-passage) qui entoure la Terre - commence à se fissurer. Le Dragon Cosmique a la responsabilité d'ouvrir l'Anneau-de non-passage qui protège les habitants d'autres planètes de notre système solaire et d'autres systèmes solaires des humains, et qui nous protège d'eux.

Le Dragon Cosmique travaille avec l'énergie de la kundalini de la Terre, qui est constituée de lignes électromagnétiques, également connues sous le nom de lignes du Dragon, pour accélérer l'élévation de la conscience de la Terre. Certains d'entre vous peuvent rêver ou avoir des visions de Dragons lorsque le Dragon Cosmique et ses semblables se rapprochent de la Terre. Lorsque votre fréquence s'élèvera, vous serez en mesure de les voir.

Le Dragon Cosmique apporte de nouvelles énergies cosmiques dans notre système solaire. Il recueille les substances éthériques nécessaires à la nouvelle ère dans laquelle nous entrons. Cette créature divine active nos chakras supérieurs afin que nous puissions entrer dans une nouvelle étape de notre évolution. Le Dragon Cosmique travaille avec le Conseil Karmique pour déterminer exactement quand notre glande pinéale devra s'ouvrir pour réveiller notre ADN dormant. De cette manière, l'humanité sera prête à accéder à l'information cosmique qui ne lui était pas accessible jusqu'à présent.

Les Dragons, bien que fortement indépendants, sont très conscients et acceptent le système hiérarchique dans lequel ils opèrent, avec au sommet le Dragon Cosmique. Au-dessous du Dragon Cosmique se trouvent des Dragons aux talents très variés, chacun excellant dans un Rayon d'Énergie bien précis. Ces Rayons sont comme les pierres précieuses qui sont convoitées par les Dragons dans nos mythes, car les Dragons et les hybrides Dragon qui sont entrés dans l'évolution humaine, tentent d'apprendre à utiliser tous les Rayons d'Énergie. En utilisant la puissance de tous les Rayons, les hybrides Dragon peuvent devenir des magiciens noirs ou, s'ils l'utilisent à des fins spirituelles, des maîtres éclairés.

Les Dragons sont souvent appelés à se prononcer sur d'autres espèces, car leurs talents se situent dans les domaines de la volonté et de la sagesse. Cependant, leur faiblesse (aussi celle des hybrides Dragon) est qu'ils n'ont pas acquis la capacité d'aimer au même degré que ces deux qualités, afin de devenir un Créateur à part entière. Les Dragons et les hybrides Dragon sont venus sur Terre pour développer cette qualité car, sans amour et sans compassion, les Dragons seront incapables de donner vie à leurs décisions pour en faire des lois vivantes et non statiques.

Les Dragons et les hybrides Dragon ont le don de parler avec le feu de la vérité pure, ce qui leur permet de montrer à l'humanité le chemin de la sagesse. Comme les dragons, les hybrides ont une longue durée de vie et sont très intelligents. Les dragons et les hybrides Dragon savent utiliser leur énergie kundalini (feu) à des fins sexuelles, créatives, curatives et spirituelles et sont souvent attirés par les arts arcaniques et la métaphysique.

Le meilleur et le pire des qualités des hybrides Dragon se manifestent dans leurs relations avec leurs partenaires ou leurs enfants. Ils sont loyaux et protecteurs et sont prêts à tout pour ceux qu'ils aiment. En même temps, ils doivent parfois surmonter le détachement, la froideur, voire le dédain, lorsque leurs proches ne se révèlent pas aussi forts ou compétents qu'eux. Les hybrides Dragon doivent apprendre à dépasser le besoin de vouloir faire des autres ce qu'ils désirent.

Les points faibles des hybrides Dragon, comme ceux des Dragons, sont l'orgueil et le sentiment de supériorité. Cela peut conduire à l'arrogance, même s'ils ne l'expriment pas avec des mots. Ils ont un ego trop sensible et sont facilement offensés si leurs talents ne sont pas reconnus. Il n'est pas facile pour les hybrides Dragon, lorsqu'ils sont forcés par l'Esprit divin, d'apprendre l'humilité. Il est possible qu'ils aient des problèmes d'avidité et qu'ils veuillent accumuler leurs possessions. Ils doivent apprendre à partager librement leur temps, leur énergie, leur argent, non seulement avec leur propre famille, mais aussi avec tous les autres. En outre, en raison de leur forte énergie de feu, ils ont parfois du mal à arrêter de fumer.

Lorsque je pense à des personnes dont on pourrait dire qu'elles présentent les caractéristiques d'un hybride Dragon, les occultistes et mystiques du XXe siècle Madame Blavatsky et Charles Webster

Leadbeater me viennent à l'esprit. Ils sont bien connus dans les cercles ésotériques pour avoir fondé la Société théosophique, dont les membres étudient les mystères occidentaux et les connaissances anciennes. Blavatsky et Leadbeater se sont tous deux rendus en Orient pour étudier avec des maîtres spirituels à la fin du vingtième siècle, et de nombreuses personnes leur attribuent aujourd'hui un rôle déterminant dans le lancement du mouvement New Age. Blavatsky et Leadbeater étaient tous deux des individus charismatiques et magnétiques, dotés de pouvoirs de clairvoyance et attirant des personnes qui les glorifiaient ou bien les condamnaient.

Les Dragons sont de puissants protecteurs - même les empereurs chinois ont choisi le Dragon comme symbole - et les Dragons protègent férocement ceux qui leur sont confiés. De nombreux enfants voient actuellement des Dragons et se sentent attirés par eux parce qu'ils ont besoin de protecteurs forts pour grandir dans le monde d'aujourd'hui.

J'aimerais partager avec vous une histoire sur la façon dont le Dragon Cosmique nous influence actuellement :

Il y a quelques années, notre "International Institute for Transformation" a organisé un camp d'été pour les enfants et leurs familles, et celui-ci a été particulièrement bénéfique pour les enfants qui avaient déjà eu des expériences spirituelles. Lors d'un exercice de visualisation, j'ai demandé aux adultes et aux enfants de découvrir un être Élémental qui souhaitait travailler avec eux. Les adultes ont d'abord partagé leurs expériences : toutes sortes de Fées, de Brownies, d'Elfes s'étaient présentés pour travailler avec eux. Lorsque les enfants ont partagé leurs expériences, chacun d'entre eux a parlé d'un Dragon. Ce qui était particulièrement inhabituel, c'est que ni moi, ni personne d'autre n'avait fait référence aux Dragons au cours de la semaine.

Les Dragons des enfants étaient de toutes les formes et de toutes les tailles. Ils pouvaient parler aux enfants par télépathie et leur dire quelles étaient leurs qualités et comment ils aidaient chaque enfant. Dans le cercle se trouvait un adolescent autiste, du nom de Michael, qui n'avait parlé à aucun d'entre nous pendant la semaine.

J'ai demandé : "Michael, est-ce qu'un Dragon est aussi venu à toi ?" Il a répondu par l'affirmative. Se tournant vers sa mère, Michael lui a demandé de nous dire que le dragon était bleu, qu'il le protégeait et qu'il pouvait le chevaucher.

Lloyd : J'adore parler des Dragons. *Le Petit (nous parlons ici de stature physique) Peuple, comme nous, les Êtres Élémentaux, ont des avis mitigés à leur sujet. D'un côté, rien n'est plus majestueux qu'un Dragon ou un hybride Dragon adulte et évolué. Royal, beau, puissant. Cependant, ils ne sont pas très tolérants envers ceux qu'ils considèrent comme leurs inférieurs. Nous avons eu quelques Dragons très sages et patients dans notre royaume qui nous ont appris à utiliser le pouvoir du feu dans la manifestation et nous leur en sommes reconnaissants.*

Pourtant, beaucoup de Dragons considèrent que travailler avec nous est indigne d'eux. Disons qu'en termes de talents, nous sommes à l'opposé sur l'échelle... Les Êtres Élémentaux aiment jouer, les Dragons sont sérieux. Les Êtres Élémentaux aiment se moquer des autres ; les Dragons n'aiment pas qu'on se moque d'eux - pas d'humour à ce que je vois. Ce qu'ils respectent par contre, ce sont les jeux d'esprit. J'ai gagné quelques points en usant de mon esprit auprès d'un ou deux dragons, ce qui, comme vous pouvez l'imaginer, n'est pas une tâche facile.

Hybride Dragon : LYNDA

"La prise de conscience d'être une hybride Dragon a donné à ma vie une profondeur et un sens que je ne connaissais pas auparavant. En réfléchissant à mon identité de Dragon, j'ai reçu les images et les souvenirs suivants."

"Volant, grande envergure - nageant avec facilité - mais maladroit sur terre ; une immense présence qui veille sur tout et qui est calme, un gardien sage et protecteur - féroce et ardent seulement si c'est nécessaire pour protéger ; rochers, paysage rocheux, amical, solo - pas de partenaire ; gardien de la Terre ; connexion de cœur, se souciant de l'espèce humaine ; envoyé pour protéger et soutenir."

"Je viens d'un endroit lointain, d'un monde spirituel brumeux et sans forme. Sans forme, mais de la même essence que lorsqu'il est sous forme solide ; juste un grain, attendant de prendre forme ; un grain avec un but, avec un encodage ; une définition et une mission - tout est déjà codé ; un grain dans une mer de grains, flottant sur une vague d'énergie - un balancement confortable et éternel. C'est de là que je suis venu et c'est là que je retournerai ; des cellules similaires confortablement regroupées comme les couleurs de l'arc-en-ciel ; créées et maintenues avec amour par une source éternelle pulsante Énergie/Intelligence/Créateur."

"Le flottement dans l'espace, le balancement éternel, intemporel, sans effort, le cœur du continuum, semblable à la plus profonde des méditations, la douceur, la joie, l'équilibre, la grâce, la fluidité sans effort. Cela a duré longtemps jusqu'à ce que j'entende l'appel. Je m'éveille lentement, prêt à naître, aucune attente, simplement prêt. Des ailes de dragon émergent ; je les fais sécher en les battant. Je plane au-dessus de l'œuf - fissuré et vide. Un doux murmure me guide vers mon nouvel emplacement - pas la Terre ; un autre système solaire - plus grand, plus vaste, sans fin ; une planète très différente de la Terre ; une planète en formation ; des brumes tourbillonnantes encore informes."

"J'insuffle du feu dans l'atmosphère pour accélérer la création. Des formes se dessinent. Des montagnes, des formations rocheuses, de l'eau. Je reste pendant des millénaires, veillant patiemment sur la planète. Pas de début, pas de fin. Un dragon suspendu dans l'espace, bercé par la marée d'énergie qui entoure la planète, jusqu'à ce qu'un jour la vie émerge. De simples cellules évoluant vers des formes de vie plus grandes et plus complexes. Je suis toujours là, insufflant la vie à la planète, satisfait d'être et de servir mon but."

"Le travail est terminé. Je pars. Je vole à travers le temps et l'espace. Les galaxies défilent - où aller ? Mes ailes se déploient et je deviens un emblème dans les cieux, une constellation d'étoiles en forme de dragon. Je maintiens le "champ énergétique", je suis une partie du Tout."

"Des millénaires s'écoulent. Je suis à nouveau appelé. Cette fois-ci sur la Terre. Chine, Égypte, Afrique - je veille sur les premières civilisations. Incarnation terrestre en tant que Dragon en Chine. Communauté de Dragons, mais pas de partenaire à proprement parler."

"La Chine était un lieu paisible propice au développement humain. Les Dragons flottaient au-dessus de la civilisation primitive, maintenant un "champ énergétique" qui soutenait cette croissance. Nous étions des protecteurs et des facilitateurs. Les Chinois savaient que nous existions. Nous vivions en harmonie, connectés énergétiquement. Nous nous sommes montrés à des souverains sages et à des personnes liées au divin. C'était une belle période de paix et d'harmonie - tout était en équilibre."

"Une autre existence en tant que Dragon s'est déroulée en Égypte - même rôle, alors que la civilisation s'y développait. J'ai demandé un nouveau rôle et on m'a accordé une incarnation humaine : une femme ; dirigeante, puissante, sage, posée, calme, sereine. En Égypte, je me suis incarnée pour apprendre à équilibrer le pouvoir et la sagesse, le yin et le yang ; le défi d'être une femme au pouvoir et une sage dirigeante - forte mais compatissante."

"Est-ce que j'avais des amis/partenaires Dragons ? Non. Et cela ne m'a pas manqué. La Source divine était ma compagne de tous les instants, ma joie sans fin, alors que je regardais les civilisations aller et venir, consciente de mon but, sans attentes, sans déviations - le plan divin en action."

"Étais-je connue des humains ? Oui, de ceux qui étaient connectés au Divin, de ceux qui voyaient au-delà des brumes. Je leur murmurais des messages de la Source. Je les encourageais et leur offrais un soutien silencieux."

"Dans l'incarnation actuelle, je suis ici pour maintenir un "champs d'énergie", pour aider les humains à grandir alors que nous nous dirigeons vers le passage à une conscience plus élevée ; pour trouver des occasions d'enseigner, d'influencer, de soutenir. Mes défis sur le plan humain sont de pratiquer l'humilité, tout en restant dans ma force ; de donner de l'espace à ceux que j'aime pour qu'ils vivent leur propre vie, car j'aime intensément et je suis extrêmement protectrice ; d'être patiente lorsque certains font preuve d'un manque de logique et d'intelligence ; et d'embrasser tous les humains sans porter de jugement. Curieusement, je trouve que c'est un défi de marcher tranquillement sur la Terre alors que mon moi Dragon vole dans les airs."

CONSEILS UTILES POUR L'HYBRIDE DRAGON

1. Entraînez-vous à prononcer les phrases suivantes, si nécessaire : "Je suis désolé." "Je m'excuse de t'avoir blessé." "Je ne connais pas la réponse."

2. Desserrez vos rênes et tout viendra à vous plus vite que si vous les tenez fermement.

3. Ne réagissez pas de manière excessive à ce que vous considérez comme des insultes ou des critiques personnelles.

4. De tous les hybrides, c'est vous qui avez le plus de pouvoir, mais le service est difficile pour vous. Consacrez-vous à apporter votre aide humblement et librement à tous ceux qui ont besoin de vous. C'est le moyen le plus rapide d'atteindre VOTRE objectif, qui est de devenir un Maître de l'Univers.

5. Ne succombez jamais à la tentation d'utiliser vos talents à des fins peu honorables. C'est votre plus grande tentation et le début d'une pente glissante.

LES CENTAURES

Dans la mythologie grecque, il existe deux représentations du Centaure :

1. Un être ressemblant à un cheval, dont la partie inférieure du corps est constituée de quatre pattes et de sabots ; la partie supérieure est un torse humain, avec deux bras, des mains et une tête humaine.

2. Chiron, le Centaure le plus célèbre de la mythologie grecque. Il a les pattes arrière d'un cheval et devant, les jambes d'un humain. Il porte généralement des vêtements, contrairement aux Centaures à quatre pattes.

Les Grecs de l'Antiquité considéraient les Centaures à quatre pattes comme des êtres sauvages, excessivement sexuels, souvent enivrés et non civilisés. À l'inverse, ils disaient des choses très différentes à propos de Chiron. Celui-ci semble être l'Être originel venu des Étoiles, tandis que les Centaures à quatre pattes sont peut-être des croisements hybrides entre le Cheval et la race des Étoiles à laquelle Chiron appartient. Le père de Chiron était le dieu du soleil Cronos, qui s'est transformé en cheval pour avoir des relations sexuelles avec une Nymphe de la Mer. L'une de ses filles, née d'une autre Nymphe, était appelée "une vraie jument". Cela indique que Chiron a créé une espèce d'hybrides à l'apparence plus chevaline et aux comportements moins civilisés.

Tout au long de l'histoire, les Centaures ont été associés aux chevaux. Dans les mythes grecs, la constellation Centaurus était la demeure originelle de Chiron. Les étoiles de cette constellation sont les plus proches de notre système solaire et il est possible qu'une race de cette constellation soit arrivée sur Terre plus tard que les autres races stellaires. Une indication pour évaluer l'ancienneté d'une race stellaire sur Terre est d'examiner les mythes qui en sont issus. Les récits concernant le Centaure se limitent à une zone géographique relativement restreinte, ce qui indique que ses origines sont relativement récentes.

Selon les Grecs, les Centaures ont vécu en Thessalie, en Arcadie et dans le sud de la Laconie. En Thessalie, Chiron était traité comme un dieu. Il a vécu particulièrement longtemps et on le disait immortel. Il semble également que Chiron était un dieu plus jeune que les dieux Apollon et Artémis qui ont été ses maîtres, ce qui indique à nouveau que les Centaures sont apparus sur la Terre plus tard que certains autres êtres stellaires.

Les Grecs anciens associaient également le Centaure à la constellation du Sagittaire, et non à celle du Centaurus. Cette contradiction dans l'origine de Chiron s'explique facilement. Les astronomes contemporains savent que la région du Sagittaire est le Centre Galactique et l'image du Sagittaire n'est pas entièrement celle d'un Centaure à deux pattes comme Chiron, mais d'un Centaure avec des ailes, un dard de scorpion sur la croupe et deux têtes, l'une humaine et l'autre, de panthère. L'image du Sagittaire est un composite de plusieurs races stellaires plutôt que d'un seul Centaure.

Je crois que le Centre Galactique est la source de notre Créateur qui a créé les nombreuses races stellaires. Les Sumériens, qui ont précédé les Grecs de plusieurs milliers d'années, seraient du même avis. Ils appelaient cet Être Sagittaire "Pailsaq", ce qui signifie "aïeul" ou "ancêtre principal".

Chiron, reconnu par les Grecs comme prophète et astronome, a orienté son héros Jason vers le Centre Galactique du Sagittaire pour le guider dans sa quête de la Toison d'or. Jason a vécu avant la période des siècles obscurs (1100 av. J.-C.), et la Toison d'or était l'équivalent grec du Saint Graal. Chiron a guidé Jason dans sa quête spirituelle, à la recherche de Dieu. Cela explique pourquoi Chiron a pu venir du Centaurus, et non du Sagittaire, et pourquoi il a indiqué à Jason le foyer de toutes les races stellaires, et pas seulement celui de sa race spécifique de Centaure.

Chiron était à la fois intelligent, strict et gentil. Il a enseigné à de nombreux héros grecs célèbres pendant des centaines d'années. Parmi ces héros figuraient Thésée, Jason, Hercule et Achille, qui le considéraient tous comme un père adoptif et un professeur. Les hybrides Centaure, tout comme Chiron, ont tendance à consacrer leur énergie à aider les autres à devenir des héros plutôt qu'à en être eux-mêmes. Leur héroïsme réside dans leur dévouement envers les autres. En plus d'avoir été le précepteur de plusieurs héros, Chiron est réputé pour avoir enseigné des chants, des danses et des rites d'initiation au jeune Dionysos. Chiron, comme Pan, partageait le don de la musique.

Bien que Chiron ait été très apprécié de ses disciples, il fut tué par l'un d'entre eux par erreur. Hercule lança des flèches empoisonnées sur un groupe de Centaures à quatre pattes qu'il avait par inadvertance rendus fous avec des vapeurs de vin. L'une des flèches toucha Chiron.

Chiron était capable de guérir les autres mais il fut incapable de se guérir lui-même et souffrit de douleurs interminables. Chiron légua son immortalité à Prométhée et fut autorisé à mourir. Le thème de la trahison préméditée ou non, est très présent chez les hybrides Centaure. Ils peuvent être des parents et des époux très loyaux et dévoués. Ils peuvent cependant se sentir trahis par leurs proches, et ce souvent pour de bonnes raisons.

Une petite planète située dans notre système solaire, également considérée comme une comète, a été baptisée Chiron lorsque les astronomes l'ont découverte en 1977 (bien que des images de Chiron aient été trouvées la première fois en 1895). Les astrologues désignent Chiron comme "le guérisseur blessé" et utilisent sa position dans le thème astral d'une personne pour prédire la blessure la plus profonde de cette personne.

Les hybrides Centaure, comme Chiron, sont des enseignants nés. Ils aiment enseigner et sont respectés dans ce domaine. Les hybrides Centaure ont un don pour la guérison ; Chiron lui-même a été le mentor et le précepteur d'Asclépios, qui devint le père de la médecine. La grande souffrance de Chiron symbolise le pouvoir de transformation que peuvent avoir la maladie et l'affliction. Grâce à la douleur et à la souffrance physique et psychologique, nous pouvons nous transformer et acquérir une grande force morale et spirituelle. Le don des hybrides Centaure ne réside pas, comme chez les dauphins et les baleines, dans la guérison sur le plan émotionnel, mais dans la compréhension de bonnes pratiques physiques qui mènent à la guérison, telles que garder une attitude positive, bien dormir et vivre dans un environnement paisible. Les hybrides Centaure ont les connaissances et les habiletés nécessaires pour orienter quelqu'un dans la direction où il peut trouver sa propre guérison. Ce sont des guides expérimentés plus que des praticiens de la guérison. Par exemple, ils préfèreraient de loin écrire sur la guérison plutôt que de passer du temps à faire un massage.

L'écrivain américain John Updike a écrit un livre intitulé *Le Centaure*. Updike se préoccupe dans ses écrits des thèmes de la sexualité, de la religion et de la mort, autant de préoccupations qui intéresseraient un hybride Centaure. Les hybrides Centaure sont généralement dotés d'une forte ossature. Bien qu'ils puissent paraître forts, ils peuvent avoir des problèmes d'articulations ou des difficultés à avoir leurs pieds bien ancrés dans le sol.

Les hybrides Centaure ont une forte énergie sexuelle, mais leur sexualité est souvent blessée. Ils peuvent avoir été victimes d'adultère ou l'avoir commis eux-mêmes. Le désir d'élever et d'enseigner aux jeunes est un thème récurrent chez les hybrides Centaure, quoique leurs enfants (ou les personnes qui sont comme des enfants à leurs yeux) les voient souvent comme trop vieux jeu ou trop stricts. Ils peuvent être des penseurs profonds, réfléchissant aux secrets de l'univers, tout en restant réalistes et pratiques dans leur désir de rendre la société meilleure.

D'autre part, ils restent assez traditionnels dans leur vie personnelle à la maison, avec leur famille. Cette dichotomie entre l'ancien et le nouveau peut être déroutante pour eux.

La femelle Centaure, appelée Centauresse, possède les mêmes qualités que le mâle Centaure. Ils ressentent tous deux profondément les choses. Dans le mythe grec, la Centauresse Hylonome s'est suicidée lorsque son amant a été tué. Tout comme les Centaures mâles, les Centauresses peuvent être envahies par la passion et faire des choses drastiques. En même temps, elles veulent que les gens les considèrent comme des êtres justes et raisonnables.

Les Êtres Élémentaux aiment beaucoup *les hybrides Centaure ; ceux-ci sont d'ailleurs beaucoup plus amusants que les Centaures d'origine. Les Centaures étant une race stellaire récente sur cette planète, ils peuvent faire preuve d'un excès de zèle dans leurs efforts pour enseigner aux autres ou les amener à se conformer à leurs attentes. Les Êtres Élémentaux aiment s'amuser et jouer avec les hybrides Centaure et ne sont pas toujours aussi dociles que ces hybrides le souhaiteraient. Il est bon pour les hybrides Centaure de se détendre et de jouer davantage, n'est-ce pas ?*

Les hybrides Centaure se sentent obligés de faire leurs preuves. Ils craignent que, s'ils ne font pas du bon travail, ils n'aient plus jamais l'occasion d'aider une espèce en développement. Quoi qu'il en soit, ils font du bon travail ! Ils le feraient encore mieux s'ils ne se donnaient pas tant de mal. Nous savons d'où vient leur peur, car nous, les Êtres Élémentaux, pouvons la voir, mais (j'espère que vous écoutez, hybrides Centaure) il est temps de profiter davantage de nous et de cette planète. Lorsque vous vous imposez trop de contraintes et que vous vous montrez moralisateurs, vous avez tendance à être trop grincheux - ou à aller à l'autre extrême et vous emporter. Si vous vous donnez plus de latitude, cela vous aidera à rester en territoire sain.

Vous pouvez trouver étrange qu'un membre d'une espèce plus jeune que la vôtre vous fasse la leçon. Je trouve cela étrange moi-même. Mais je vous donne de bons conseils. Vous avez tellement de connaissances et de sagesse et vous êtes beaucoup plus proches de nous que beaucoup d'autres races stellaires, même si vous avez un côté amoral comme les hybrides Pan. Il vous suffit d'être vous-mêmes et nous vous aimerons encore plus. Je sais que ce que vous recherchez vraiment, c'est d'être aimés.

🌳 Hybride Centaure : JOHN

"Je crois que tous les humains ont une nature bouddhiste et que ma responsabilité est de rechercher cette Vérité. Il m'incombe de trouver une vérité spirituelle plus profonde par la méditation, les bonnes œuvres et l'aide à mon prochain et à la communauté dans la mesure du possible. J'ai un intérêt profond pour qui était vraiment Jésus et j'ai passé des années à faire des recherches et à explorer ce domaine."

"Je suis réaliste et pragmatique dans mon désir de rendre la société meilleure. Les connaissances factuelles ne me mèneront pas là où je veux aller. La compréhension intérieure et l'action sont nécessaires pour y parvenir. J'ai participé bénévolement à de nombreux projets visant à protéger l'environnement. Ainsi, dans la région d'Oakville, j'ai régulièrement nettoyé les ruisseaux et les rivières avec d'autres bénévoles. J'ai emmené des étudiants au parc national de Carrera, au Costa Rica, pour effectuer des travaux de restauration de la forêt tropicale. J'ai aussi emmené un groupe d'étudiants à Ho Chi Minh Ville pour travailler dans un orphelinat."

"Éduquer et enseigner aux jeunes a été le but de toute ma vie. Je ne vois pas ce qui aurait pu me donner plus de satisfaction que ce genre de travail. Je crois que je suis né pour être enseignant. Ici il ne suffit pas de connaître des faits sur la géographie, les problèmes mondiaux ou les études environnementales ; il s'agit d'une capacité innée à présenter des informations et à travailler avec des adolescents, ce qui enrichit ma vie et me procure une grande joie. J'ai acquis du respect dans ce travail, ce qui m'a valu de recevoir le titre "d'Enseignant de l'année" dans ma ville et le "Prix d'excellence dans l'enseignement" décerné par le Premier ministre du Canada. Les enfants avec lesquels je travaillais bien étaient les "sweathogs", des enfants socialement isolés et défavorisés qui pouvaient passer le temps du midi et après l'école dans ma salle de classe, un lieu sûr pour eux."

"Je suis de nature très sexuel. J'ai été blessé pendant mon adolescence, car le fait d'être un jeune un peu maladroit, vivant en milieu rural, m'a valu de nombreux rejets. Aujourd'hui encore je n'aime pas répondre au téléphone, car en général je ne recevais que de mauvaises nouvelles. J'ai eu diverses relations dans le passé, probablement en quête de l'amour que j'avais tant désiré pendant mes années d'adolescence. Je pense que c'est le cas de nombreux jeunes hommes qui n'étaient pas les plus populaires au lycée."

"J'aime être créatif. Je joue et j'écris de la musique, je fais de la photographie et j'écris de la poésie. Mes écrits traitent de la condition humaine dans toute son étonnante variété. Mon style n'est pas traditionnel, il est ouvert et créatif dans sa structure."

"Je pratique diverses techniques de guérison, notamment le Reiki, le Vitaflex (acupression), le massage thaïlandais et le massage suédois. Je m'intéresse ainsi aux pratiques corporelles qui mènent à la guérison. Dans mon cas personnel, un cancer et une fracture du cou ont été en partie guéris en restant positif et en affrontant les difficultés avec un sens de l'humour."

"Dans le passé, j'avais du mal à contrôler mon tempérament. J'ai hérité cela de mon père. Au fil des ans, ce problème s'est atténué. Je fais des efforts pour rester calme, lorsque je sens que je vais m'emporter."

"J'aime être en contact avec la nature. J'ai grandi à la campagne dans une petite ferme d'agrément. Depuis, j'ai souvent déménagé. J'ai vécu au bord du lac Ontario, sur l'escarpement du Niagara et aussi dans une propriété de trois acres, entourée de chevaux et d'arbres fruitiers. Actuellement, je vis à proximité de l'océan Pacifique et tout à côté de montagnes majestueuses."

"J'ai appris à rester ouvert d'esprit. Des années de voyage, une expérience de sept ans à Hong Kong et des expériences de régression dans des vies antérieures m'ont montré que ce que l'esprit humain croit être réel peut être une illusion. Quant à ma réalité de Centaure d'un point de vue physique, hmmm ... je suis assez poilu."

CONSEILS UTILES POUR L'HYBRIDE CENTAURE

1. Vous préférez le rôle d'expert à tout autre rôle et devez apprendre l'humilité lorsque les autres vous dépassent.

2. Vous avez tendance à considérer tout signe de désaccord avec vos opinions comme une attaque personnelle. C'est rarement le cas, alors essayez de rester calme, au lieu de vous laisser emporter par l'émotion.

3. Comme l'a dit mon ami Lloyd, le Leprechaun : l'amour est vraiment ce que vous recherchez. Vous le recevrez par l'aide que vous apporterez aux autres grâce à la générosité de votre cœur.

4. Dans de nombreux domaines, vous êtes une source de connaissances. Les autres l'apprécient d'autant plus qu'ils vous connaissent. Nous vous encourageons à écrire, car vous le faites bien, et vous gagnerez le respect, ce qui est très important pour vous.

5. Vous êtes un grand frère, une grande sœur ou un mentor naturel pour les jeunes. Cherchez des moyens de servir dans ce sens.

LES ABEILLES

Le prochain hybride en surprendra probablement plus d'un. Les abeilles, direz-vous, ne sont que des insectes et se situent donc au bas de l'échelle de l'évolution, tandis que les humains sont au sommet. C'est faux ! Tout comme les humains peuvent porter des jugements sur les oiseaux et douter qu'Horus puisse être une âme évoluée, nous devons nous libérer des idées préconçues sur les Abeilles.

Les Mayas croyaient que l'Abeille venait de la planète Vénus, qu'ils appelaient le "deuxième soleil". Les abeilles actuelles sont des versions mineures d'une espèce très intelligente originaire de Vénus et constituent l'une des premières tentatives d'intégration de la vie vénusienne sur Terre. Les membres de la race des abeilles sont arrivés sur Terre à la fin de l'un de nos premiers cycles d'évolution et leur mission était d'empêcher la Terre de sombrer dans les ténèbres. Vous trouverez plus d'informations à ce sujet dans mon livre *Decoding Your Destiny*.

De nombreuses qualités de l'hybride Abeille se retrouvent dans le mythe grec de Cupidon, l'enfant de Vénus, la déesse de l'amour (une autre référence à Vénus comme dans les mythes mayas). Cupidon, également connu sous le nom d'Eros (amour) dans la mythologie romaine, porte deux sortes de flèches. L'une est recouverte d'or et Cupidon la tire sur quelqu'un pour le rendre amoureux ; l'autre est recouverte de plomb et lorsque Cupidon la lance à quelqu'un, cette personne repousse l'être aimé.

Dans une histoire, Cupidon se plaint à sa mère Vénus d'avoir été piqué par une abeille. Elle rit et lui fait remarquer qu'il est lui aussi petit, mais qu'avec sa flèche il provoque aussi bien une douleur que la félicité de l'amour. Cupidon est petit, enfantin à bien des égards, devenu rondelet dans des versions ultérieures, espiègle, vous attirant par amour et vous repoussant l'instant d'après. Associé à l'élément air, il peut aussi voler comme une abeille.

Dans un autre mythe, Cupidon tombe amoureux de Psyché (l'âme) mais, lorsqu'elle le trahit par faiblesse, il la rejette et elle doit subir de nombreuses et longues épreuves jusqu'à ce qu'il lui pardonne et l'épouse. C'est également une caractéristique chez les hybrides Abeille. Ce sont des idéalistes perfectionnistes et, si les gens ne répondent pas à leurs critères élevés, ceux-ci peuvent se retrouver rejetés ou abandonnés, jusqu'à ce que l'hybride Abeille, à un moment ultérieur, accepte à nouveau cette personne dans sa ruche. Simultanément, les hybrides Abeille souffrent terriblement s'ils sont rejetés. Le rejet peut être un défi douloureux, mais utile, dans leur évolution, afin qu'ils puissent apprendre à faire preuve d'une plus grande compassion et de patience dans leurs relations avec les autres.

Je veux aller plus en profondeur en montrant les parallèles entre la culture des abeilles et celle des humains afin que nous soyons plus conscients des abeilles et que nous réalisions que celles-ci ainsi que les hybrides Abeille peuvent être de grands enseignants pour nous.

Il existe une grande variété de sociabilité parmi les espèces d'abeilles et également parmi les hybrides Abeille. On retrouve des abeilles solitaires qui ne s'occupent pas de leur progéniture et des abeilles mellifères qui vivent dans des communautés de 40 000 individus. Cette diversité ressemble au monde humain où certains individus, comme les abeilles solitaires, ne s'occupent que d'eux-mêmes contrairement à d'autres, que nous appelons souvent les reines des abeilles, et qui sont à la tête de très grandes organisations.

Il existe environ cinq cents espèces d'abeilles sans dard. Comme beaucoup d'êtres humains, la plupart d'entre elles sont non violentes, alors que certaines abeilles, comme les êtres humains, exploitent les autres. Les abeilles coucous, par exemple, pondent des œufs dans les nids d'autres abeilles et leur couvain mange leurs larves.

Les abeilles et les humains sont liés dans un réseau de vie et de cocréation. Nous, les humains, devons regarder de près les abeilles pour voir les leçons qu'elles peuvent nous apporter.

Les insectes pollinisent environ un tiers de l'alimentation humaine et les abeilles accomplissent la majeure partie de cette tâche. En d'autres termes, sans les abeilles, nous ne mangeons pas. La mauvaise nouvelle, c'est que depuis 1976, en raison du syndrome d'effondrement des colonies d'abeilles (CCD), on assiste à une réduction spectaculaire du nombre d'abeilles domestiques en Amérique du Nord et en Europe.

L'effondrement des colonies d'abeilles est attribué à une combinaison de facteurs tels que les engrais chimiques, les insecticides, les virus qui modifient l'ADN des abeilles, les champignons, la malnutrition due à l'alimentation au sirop de maïs à haute teneur en fructose, les radiations électromagnétiques et un changement dans les pratiques apicoles, notamment l'élevage migratoire, qui consiste à déplacer les abeilles d'un endroit à l'autre et à les garder sans abri. Ces pratiques malsaines ne tuent pas seulement les abeilles, elles tuent aussi les humains. Sans abeilles adultes, une colonie s'effondre, les réserves de nourriture et les jeunes sont abandonnés.

Les symptômes se produisent avant l'effondrement définitif de la colonie : 1) la main-d'œuvre est insuffisante pour s'occuper des abeilles en développement, et cette main-d'œuvre est principalement composée de jeunes abeilles adultes, et 2) les abeilles ne veulent pas manger la nourriture qui leur est fournie, à savoir le sirop de sucre.

Les abeilles sont le reflet de ce que nous faisons subir à nos jeunes et à nous-mêmes. De nombreux humains qui ne peuvent pas gérer les facteurs de stress de la vie moderne sont engagés dans leur propre forme de CCD. Ils mangent de la malbouffe riche en sucre, comme celle que nous donnons aux abeilles. Il en résulte une malnutrition physique et émotionnelle, qui conduit souvent à une dégradation de leur situation et à la négligence de leurs enfants. Plus il y a de personnes en incapacité de travail, moins il y a d'individus pour poursuivre le travail de ceux qui ne peuvent pas le faire. Cela conduira à notre propre forme d'effondrement des colonies. Nous le constatons partout avec la détérioration de notre santé, ainsi que de nos structures économiques, culturelles, religieuses et familiales.

À quoi ressemble une ruche en bonne santé ? Les abeilles et les hybrides Abeille peuvent nous l'apprendre ! Dans une ruche (organisation ou cellule familiale) saine, chaque membre apporte sa contribution pour le bien de l'ensemble. Les abeilles ont une âme de groupe et, au sein de cette âme de groupe, chaque individu a un but spécifique. Les hybrides Abeille aiment inconditionnellement de tout leur cœur, bien qu'ils ne soient pas très intéressés par le sexe. Les hybrides Abeille pensent davantage à prendre soin du groupe qu'à leur propre vie. Il peut s'agir d'une femme qui ne se marie pas et n'a pas d'enfants, mais qui se consacre au bien du monde. Il peut également s'agir d'une Reine des abeilles qui s'occupe de sa propre famille, de sa famille élargie et qui travaille même dans une organisation pour apprendre à chacun à travailler pour le bien de l'ensemble. Les hybrides Abeille se spécialisent dans la cocréation, un principe que les humains développeront au cours des deux mille prochaines années de l'ère du Verseau.

Une abeille seule, qui ne s'occupe que d'elle-même, ne profite pas aux autres et, dans le monde des abeilles, les espèces les moins développées sont solitaires. Les abeilles, comme les humains, sont plus avancées lorsqu'elles cocréent avec d'autres pour le bien de tous. Dans le monde des abeilles, le miel est produit en abondance, non seulement pour les membres de la ruche, mais aussi pour les humains et les animaux. De même, les hybrides Abeille, par leur travail acharné et leur cœur généreux, créent une abondance qui profite aux autres.

Les hybrides Abeille ont l'esprit vif, parlent et se déplacent rapidement, sont plutôt ronds et font souvent de longs mariages. Bien qu'ils soient assez intenses et guidés par leurs émotions, ils sont également loyaux et ont un bon sens de l'humour. On les retrouve dans différentes professions, allant du métier d'acteur à celui dans le domaine de l'environnement, en passant par la recherche biologique et les inventions. Tout cela pour le bien de l'humanité et de la Terre.

Les abeilles bourdonnent et vibrent au niveau de leur âme et lorsque nous nous trouvons en compagnie d'abeilles et d'hybrides Abeille, cela nous aide à élever notre propre fréquence spirituelle. Les abeilles portent une charge électrostatique qui leur permet d'attirer d'autres particules en plus du pollen, qui s'incorporent à leur miel. Les hybrides Abeille attirent les gens vers eux en utilisant cette charge, qui est une sorte de magnétisme.

Cela ne signifie pas que tous les individus se sentent en harmonie avec elles. Certains peuvent être jaloux de la capacité des hybrides Abeille à attirer les autres vers eux. Les hybrides Abeille, comme les abeilles, peuvent utiliser leur langue pour piquer quelqu'un s'ils se sentent menacés, dépassés ou mis au défi. Cette piqûre n'est pas forcément une mauvaise chose. Certaines personnes sont allergiques au venin d'abeille, d'autres peuvent avoir des blocages et avoir besoin d'un coup de pouce pour avancer dans la vie.

Les hybrides Abeille sont très sensibles aux fréquences des autres et sont capables de capter leurs sentiments. Cela fait d'eux d'excellents récepteurs et transmetteurs dans la communication avec les autres. Nous le voyons dans la capacité étonnante des abeilles à indiquer à leurs collègues les meilleures fleurs pour le miel. Elles savent que plus elles aident les autres à trouver ce qui leur convient le mieux, plus cela profitera à l'ensemble de la ruche. La peau des hybrides Abeille est vivante et diffuse des parfums ainsi qu'une brillance, leurs sens du toucher et du goût sont très développés. Ils aiment toucher quelqu'un, mais en même temps, ils peuvent se sentir envahis lorsque d'autres les touchent. Ils aiment être pris dans les bras et se rapprocher des autres mais la douceur est de rigueur.

Les hybrides Abeille aiment être informés de tout ce qui se passe autour d'eux et sont attristés lorsque les gens ne partagent pas leurs sentiments, leurs pensées et pratiquement tout avec eux. Ils aiment être la personne à qui les autres se confient et racontent leurs histoires. Dans le folklore anglais, les Abeilles devaient être tenues informées par leurs éleveurs lorsque quelque chose se passait dans la famille, comme les décès, les naissances et les mariages. Cela portait malheur de ne pas le dire aux abeilles, car elles risquaient de quitter la ruche, d'arrêter de produire du miel ou de mourir.

Physiquement, les hybrides Abeille ont tendance à être rondelets et à aimer la nourriture sous toutes ses formes. Cela comprend autant cuisiner que de manger de bons repas. Les hybrides Abeille collectionnent les amis et les informations pour les partager avec d'autres. Ils s'intéressent à la guérison et à toutes sortes de thèmes spirituels. L'un de leurs plus grands défis est de trouver un équilibre entre le faire et l'être. Ils peuvent avoir tendance à se surmener pour le bien de la ruche. Ils doivent apprendre à équilibrer le travail à l'aide de la méditation et d'une pratique spirituelle et à revenir à l'instant présent, où il n'y a ni passé, ni présent, ni futur.

Les Abeilles sont appréciées par les Êtres Élémentaux *car le miel est l'un de nos aliments préférés. Elles existent dans notre royaume, tout comme dans votre royaume humain, parce qu'elles bourdonnent sur une fréquence élevée et se sentent parfaitement à l'aise parmi nous. De plus, contrairement aux humains, nous respectons les abeilles et ne prenons jamais de miel sans leur demander au préalable..*

Les êtres Abeilles qui sont venus de Vénus sur la Terre étaient très intelligents. Leur travail consistait à maintenir la fréquence de la Terre, ce qu'ils ont fait en résonnant à une fréquence plus élevée que celle des êtres humains évoluant ici. Certaines Abeilles ont décidé de rester sur Terre et d'aider à son évolution en devenant des hybrides. En guise de cadeau durable à la Terre et aux humains, ils ont également demandé au Conseil Karmique d'hybrider certains insectes avec certaines de leurs qualités. Ces insectes sont devenus les abeilles d'aujourd'hui et leur cadeau est le miel doré.

🐝 Hybride Abeille : SUSAN

"L'un de mes premiers souvenirs est celui de mon père, de son frère et de ses amis travaillant ensemble à la construction de la maison de mon enfance. C'était passionnant de voir les murs s'élever au fur et à mesure que l'on sciait le bois, ce qui produisait beaucoup de sciure. Cette sciure m'intéressait particulièrement, car les abeilles étaient toujours à l'intérieur et autour de la sciure, planant et bourdonnant, construisant leurs nids dans la sciure. Pendant que mon père et mes oncles construisaient notre maison, les abeilles construisaient la leur. Leur corps gros et rond, leur abdomen bicolore jaune et noir velu me fascinaient. Je les prenais dans mes mains avec la sciure de bois et elles remontaient le long de mes bras. Le bourdonnement de leurs ailes m'apaisait et me réconfortait. Durant tout cet été et jusqu'à aujourd'hui, je n'ai jamais été piquée par elles."

"Ces deux événements - les hommes travaillant ensemble à la construction d'une maison et les abeilles construisant des ruches - m'ont fait prendre conscience de l'ampleur de ce qui peut être accompli par un collectif. Adulte, j'ai travaillé avec une équipe dans les métiers du bâtiment, sur des chantiers de construction et j'ai compris la satisfaction que procure le fait de travailler à plusieurs dans un même but. J'ai été propriétaire de nombreuses entreprises ; lorsque je travaille sur un projet avec un groupe, j'ai l'impression que nous sommes une famille et que nous travaillons tous pour le même objectif."

"Pour ce qui est de mon apparence, j'ai toujours été plutôt rondelette, quel que soit mon poids, et j'ai un tempérament qui peut être mortifère si on me provoque. Je souffre terriblement du rejet et lorsque j'étais enfant, je me suis souvent sentie invisible, mes parents étant distraits par leur propre douleur. Mon foyer a toujours été important pour moi. Partout où j'ai vécu, j'ai pris le temps de créer un environnement chaleureux et accueillant, ce dont je suis assez fière. Je m'assure toujours qu'il y a des chambres d'amis pour que les autres puissent venir me rendre visite et j'aime les recevoir en préparant de bons repas."

Un trouble de dyslexie m'a permis de développer d'autres qualités, notamment une mémoire incroyable. J'ai toujours su déceler les motivations et les intentions des gens, et je disais alors que j'avais un fort "BS meter" (détecteur de mensonges). Si je vais à l'encontre de mon instinct, les conséquences sont extrêmes. J'ai déjà fait faillite parce que j'ai agi contre mon instinct."

"En vieillissant, je suis allée à la recherche de guérisseurs et de maîtres spirituels et j'ai voyagé dans des pays lointains pour en apprendre davantage sur les mystères de la vie. Je pense que je suis venue ici pour apprendre la patience et le pardon. Chaque fois que ces deux qualités se manifestent dans ma vie, je sais que je vais recevoir de « Grandes Leçons »."

Hybride Abeille : LYNN

"Je suis de nature petite et ronde, ce qui a toujours été un problème. J'ai du mal à m'accepter lorsque je suis en surpoids. Je suis hypersensible à de nombreuses choses. Les médicaments et le stress affectent gravement mon estomac, et le soleil me donne des rougeurs qui me démangent et des cloques sur les lèvres. J'ai développé une affection cutanée qui est provoquée par le stress. Lorsque je vis dans l'instant présent et que je m'aime aussi sincèrement que j'aime les autres, le stress qui active mes problèmes se dissipe."

"Au départ, je n'étais pas du tout attirée par le sexe. J'aimais être proche et ressentir de la passion, mais l'acte sexuel me semblait faux. Aujourd'hui, le sexe est devenu bien plus qu'un acte sexuel, et englobe les vibrations éthériques qui peuvent être fusionnées ou communiquées énergétiquement."

"Depuis mon enfance, j'ai toujours été très émotive. Lorsque je m'engage dans quelque chose, je suis passionnée et je m'investis à cent pour cent pour sa réussite, qui devient à son tour ma réussite. J'ai pris sur moi les problèmes de tout le monde et j'ai supporté beaucoup de douleur et de pression en m'occupant des autres. La maturité m'a appris le discernement. Je ne me sens plus responsable de résoudre les problèmes des autres alors que c'est à eux d'apprendre à le faire."

"J'ai compris que j'étais une personne intelligente à bien des égards. J'ai une vision d'ensemble et je pense globalement. Je regarde ce qui est bon pour l'ensemble. J'ai un don pour la communication et dans le passé, j'ai été capable de diriger des organisations et des personnes. Je perçois souvent ce que les autres ressentent, que ce soit sur le plan émotionnel, physique ou spirituel. Il existe un lien entre moi et les gens que je peux décrire comme un flux d'énergie. Je suis capable de parler selon plusieurs perspectives, car je peux voir la façon dont les décisions affecteront les autres."

"Je suis une personne occupée ; c'est dans ma nature ! Occupée comme une abeille. En plus d'être très active, je suis aussi perfectionniste ; tout doit être fait avec succès ; l'échec se paie au prix de mon ego. Je suis d'une loyauté sans faille et j'attends de mes proches qu'ils me rendent la pareille. J'ai agi comme une mère pour de nombreuses personnes, plaçant toujours leurs besoins avant les miens et encourageant l'harmonie puisque nous travaillons ensemble pour le bien de tous. L'échec et la déloyauté sont pour moi dévastateurs et me poussent à réfléchir à ce que j'ai fait et à ce que j'ai omis de faire."

"Je grandis spirituellement à mesure que j'acquière de la maturité et que je prends le temps d'être présente. Lorsque j'étais préoccupée par mes activités, je n'étais pas consciente de la spiritualité. J'ai dû quitter mon travail de dirigeante d'une grande entreprise à but non lucratif, entreprise que j'avais conçue et mise sur pied, pour pouvoir grandir et devenir ce que je suis ... une mère, une amie et une personne qui transmet la joie, le rire et le présent. Alors que j'accomplis mon nouveau travail dans le monde, de nombreuses personnes me touchent au plus profond du cœur. Le silence est devenu un cadeau qui m'aide à grandir spirituellement."

"Ma joie, mon rire et mon amour sont mes plus grands dons. J'utilise l'humour et le rire pour aider les gens à se sentir bien et pour libérer l'énergie refoulée qui peut causer des maladies. Ma sensibilité à l'environnement et à l'énergie m'a obligée à faire attention à tout, y compris à la façon dont les gens, les environnements, les médicaments, etc. m'affectent et, pour le reconnaître, j'ai dû ralentir et devenir présente. Le travail de ma vie consiste à « polliniser » les gens, mais en tant qu'hybride, je ne dois pas bourdonner ! Je dois rester centrée d'une manière très personnelle. Les gens sont mon miel !"

CONSEILS UTILES POUR L'HYBRIDE ABEILLE

1. Vous êtes souvent sur la défensive alors que ce n'est pas nécessaire, et vous avez l'impression que les autres ne vous apprécient pas ou ne vous aiment pas. Détendez-vous. Sachez que vous êtes vu et aimé par beaucoup plus de personnes dans votre ruche que vous ne le pensez.

2. Vous êtes naturellement rond. La rondeur est belle.

3. Vous avez le don de voir dans l'âme des gens et pouvez distinguer une personne sincère d'un escroc. Ne doutez pas de ce don et refusez de vous laisser submerger par les opinions des autres.

4. Vous êtes ici pour enseigner l'interdépendance et pour apprendre l'indépendance. Reconnaissez que la solitude fait partie du voyage.

5. Le pardon est essentiel à votre bien-être. Vous pouvez voir la vérité chez les autres et en vous-même et néanmoins leur pardonner et vous pardonner.

LES ANUNNAKIS

La prochaine espèce d'hybride dont il sera question est une race stellaire qui présente de nombreux points communs physiques et psychologiques avec les humains. On les appelle les Anunnakis. Ce terme a été popularisé par Zecharia Sitchin dans son livre *La 12e planète*. Je ne suis pas d'accord avec tout ce que Sitchin dit sur les Anunnakis, mais il existe trop de mythes sur cette espèce pour que l'on puisse ignorer leur présence sur notre planète.

Au cours du cycle lémurien, il y a environ 400 000 ans, des êtres extra-planétaires ont créé une colonie sur Terre. Ils étaient plus avancés que les humains primitifs présents sur Terre à cette époque. Les mythes de création des Sumériens, antérieurs à ceux de l'Ancien Testament de la Bible, sont très détaillés dans leur description de ces êtres extra-planétaires. Selon ces récits, les prisonniers Anunna (appelés Anunnaki par les Babyloniens) ont été envoyés sur Terre en raison de comportements inacceptables sur leur propre planète. Dans la Torah, il pourrait s'agir de ceux qu'Ezéchiel appelle les "déchus", les Nephilim, qui, selon la Bible, étaient très grands, aimaient la guerre et se croisaient avec les humains.

Les Anunnakis arrivèrent à bord de vaisseaux spatiaux primitifs, semblables à ceux que construit la NASA, et leur punition consistait probablement à extraire de l'or en Afrique, qui selon les découvertes archéologiques, serait le lieu d'origine des premiers humains. (Vous trouverez plus d'informations à ce sujet dans mon livre « *Decoding Your Destiny* »).

Les prisonniers Anunnaki furent envoyés ici parce que leur propre planète ne pouvait pas poursuivre son évolution, la fréquence de ces

individus freinant les autres dans leur développement. Des surveillants
Annunaki accompagnaient ces prisonniers et les empêchaient d'interagir
avec les premiers humains, les Els et d'autres espèces qui aidaient à
l'évolution des habitants de la planète. Bien que ces Anunnakis aient
développé de grandes compétences sur les plans physique, technique et
mental, ils n'étaient pas très évolués sur le plan émotionnel ou spirituel.

Les Els et les Pléiadiens étaient préoccupés par la venue de ces
prisonniers sur Terre, mais ils n'empêchèrent pas l'événement de se
produire. Ils comprirent que l'humanité devait développer son libre
arbitre pour devenir des créateurs conscients, et que la protection de
l'humanité contre les autres espèces ne permettrait pas d'y parvenir.

Les prisonniers Anunnaki, mécontents de leur vie et ce pour de
bonnes raisons, renversèrent leurs gardiens. Comme ils ne pouvaient
pas retourner sur leur planète d'origine, ils voulurent rendre leur vie plus
agréable sur Terre. Ils commencèrent donc à faire du génie génétique et
à façonner mentalement les premiers humains et les animaux. Ils ren-
dirent les humains plus intelligents afin qu'ils puissent travailler comme
esclaves dans les ménages et les fermes, et ils combinèrent parfois des
gènes humains avec ceux d'animaux. Le porc est l'une de ces créations.

Certains prisonniers changèrent cependant d'avis et décidèrent
de s'engager à aider les Els et d'autres espèces conformément au Plan
Divin. Certains surveillants apportèrent leur aide afin de mettre fin au
chaos qu'ils n'avaient pas pu empêcher. Actuellement, il existe sur Terre
des hybrides Anunnaki qui étaient à l'origine des surveillants et des
prisonniers. Certains anciens prisonniers se sont amendés, d'autres non.

Les hybrides Anunnaki peuvent être conscients ou non de leur évolution originelle, comme c'est le cas pour tout hybride. Si vous découvrez
que vous êtes un hybride de ce groupe et que vous êtes sur un chemin
spirituel pratiquant l'amour et la compassion, renoncez immédiatement
à tout sentiment de culpabilité ou de honte par rapport à ce que vous
avez pu faire ou ne pas faire dans le passé. Tous les êtres humains, quelle

que soit leur évolution d'origine, ont connu de nombreux revers sur le chemin de la conscience. De plus, les Anunnakis ne sont pas sur la Terre depuis autant de vies que la plupart des hybrides, et ils n'ont donc pas eu autant de temps pour s'adapter aux autres espèces présentes.

Chaque type d'hybride possède des talents spécifiques et celui-ci a des talents dans les domaines du génie génétique, de la science, de l'informatique, de la finance, de l'industrie de l'armement et des nouvelles technologies. Les hybrides Anunnaki sont généralement dotés d'une volonté et d'une force mentale considérables et sont brillants en matière de réflexion stratégique et de planification à long terme. Ces hybrides peuvent être atteints d'une sorte d'autisme, qui se manifeste entre autres par un manque de compassion et d'empathie envers autrui. Les faiblesses de ces hybrides sont l'arrogance, la suffisance et l'utilisation de leur volonté et de leur raisonnement logique pour dominer les autres. L'esprit de ces hybrides est suffisamment fort pour hypnotiser ou marquer mentalement les autres - une qualité connue des magiciens et pratiquée par de nombreux Anunnakis non amendés.

Tous les Anunnakis ne sont pas venus sur Terre en tant que prisonniers. Beaucoup étaient des gardiens soucieux de protéger la Terre des ravages que des Anunnakis non amendés risquaient de créer. Il se peut que des hybrides Anunnaki fonctionnent tout à fait normalement dans la société et, qu'ils s'engagent, comme tous les hybrides, dans divers types de travail.

Les hybrides Anunnaki non amendés veulent toujours maintenir l'humanité en esclavage selon leurs désirs. Ils s'inquiètent actuellement du réveil de l'humanité. Ces hybrides cherchent à contrôler les technologies - médias, télévision, Internet - ainsi que les systèmes d'alimentation et d'énergie afin de maintenir les humains sous leur contrôle. La bonne nouvelle, c'est qu'ils ne peuvent pas passer à la phase suivante de l'évolution humaine s'ils ne se soumettent pas à la Volonté Divine. Il est difficile pour les hybrides Anunnaki de le faire, car ils sont mus par leur ego et celui-ci leur a souvent apporté beaucoup de succès matériel.

Abandonner sa volonté personnelle à la Volonté Divine est une loi spirituelle et une étape nécessaire qui s'applique à tous les êtres dans leur voyage vers la conscience.

Les Anunnaki sont issus d'une culture martiale où seuls les plus forts survivent, les autres étant considérés comme des menaces ou des victimes qu'on peut manipuler. Ils recherchent toutes les occasions de vaincre un adversaire. En tant que tels, ce sont de brillants stratèges capables de voir cinq fois plus loin que la plupart des gens. Les hybrides Anunnaki qui ne se sont pas amendés font semblant d'être généreux et de faire des compromis, ce qui est une autre stratégie pour prendre le contrôle des autres. Ils considèrent la douceur et l'indulgence comme des faiblesses qu'ils peuvent exploiter pour arriver à leurs fins. Les hybrides qui se sont amendés ont un grand respect pour les personnes qui les défient mentalement, qui ont une forte volonté ou qui vibrent à une fréquence spirituelle élevée, ce qu'ils interprètent comme ayant du pouvoir.

N'oubliez jamais : Tout le monde peut décider de changer, y compris les anciens prisonniers. Chacun d'entre nous peut utiliser ses dons de manière éthique ou non, et de nombreux Anunnakis (tant les surveillants que les Anunnaki amendés) inventent des technologies qui apportent à l'humanité une santé et une viabilité durables. Ils travaillent également sans être détectés dans les industries où ils excellent pour entraver le succès des Anunnakis non amendés. En règle générale, plus un hybride Anunnaki amendé se consacre à servir le Divin et non sa propre volonté, plus son empathie, sa compassion et son désir d'être au service des autres sont grands. Puisqu'ils ont une volonté très forte, ils font de grands progrès en ce qui concerne ces qualités une fois qu'ils se sont engagés dans cette voie.

Le respect est très important pour les hybrides Anunnaki, et ils s'épanouissent lorsqu'ils évoluent dans des environnements où leurs talents sont appréciés. Ce sont des entrepreneurs naturels, chacun suivant ses propres règles, et ils ont des difficultés à travailler pour d'autres à moins d'avoir une grande indépendance. Cela dit, à mesure que les hybrides Anunnaki évoluent, connaissant leurs propres faiblesses, ils recherchent souvent des occasions de vivre ou de travailler avec des personnes aimantes et bienveillantes afin de développer leurs points faibles.

Les Anunnakis ont d'abord fait reculer l'humanité et l'ont amenée à s'écarter de la voie de la Volonté Divine introduite par les Els, les Anges et d'autres êtres stellaires. Ils y sont parvenus en enseignant aux humains à être comme eux - égoïstes et intéressés - ce qui a éloigné les êtres humains des Êtres stellaires qui vibraient à des fréquences plus élevées et les guidaient.

Cependant, les Anunnaki ont été bénéfiques à l'humanité à long terme car ils ont renforcé notre libre arbitre. Si celui-ci est mis au service de la volonté divine, c'est la qualité la plus importante pour devenir un créateur à part entière.

Les Êtres Élémentaux ont eu leurs *propres difficultés avec les Anunnakis dans le passé. Étant donné que leur volonté et leurs pouvoirs mentaux sont plus forts, nous n'étions pas de taille à les affronter, surtout dans nos premières années. Ils ont utilisé leurs pensées pour modifier l'évolution de certains Êtres Élémentaux. Des Anunnakis non amendés l'ont fait simplement pour s'amuser. Ils ont créé des Gobelins à partir de Gnomes, ce qui explique en partie la méfiance des Gobelins à l'égard des humains. Les Gobelins ne font pas la différence entre les hybrides Anunnaki et les humains parce qu'ils se ressemblent, mais ils peuvent voir qui est vraiment un individu parce qu'ils ont dû l'apprendre pour se protéger.*

Les Anunnakis ont renforcé notre engagement à apprendre et à développer notre libre arbitre afin que nous puissions être des cocréateurs sur la Terre tout en la protégeant. Ils nous ont également aidés à renforcer notre corps mental pour que nous apprenions à raisonner, élaborer des stratégies et avoir une vue d'ensemble. Ce n'étaient pas des dons naturels chez les Êtres Élémentaux, et nous devons donc remercier les hybrides Anunnaki pour cela. J'aimerais ajouter que les humains doivent également remercier les hybrides Anunnaki pour les avoir aidés à développer ces qualités.

Les hybrides qui étaient des surveillants peuvent ressentir une profonde culpabilité pour avoir échoué dans leur mission d'isoler les prisonniers des autres habitants de la Terre et pour les problèmes qui en ont résulté. Les hybrides Anunnaki amendés peuvent ressentir de la honte pour ce qu'ils ont fait dans le passé et croire qu'ils doivent être punis. Ces deux sentiments de honte et de culpabilité peuvent affecter leur vie entière, même de façon inconsciente, sans qu'ils en connaissent ou en comprennent la cause profonde.

Je connais plusieurs personnes qui ont des qualités d'hybrides Anunnaki. Un ami m'a raconté une vision récurrente. Lorsque je lui ai parlé des hybrides Anunnaki, il s'est immédiatement identifié à eux et m'a dit qu'il pensait que sa vision était vraie.

Hybride Anunnaki : MAURICE

"Dans la vision, je me vois dans un vaisseau spatial au milieu d'une guerre dans l'espace. Je suis habillé tout en noir, dans un uniforme d'apparence très militaire, et je travaille à une console, actionnant des équipements techniques de vol et de combat que je ne reconnais pas dans ma vie actuelle. Je suis beaucoup plus grand et plus large que les humains d'aujourd'hui, mais j'ai une apparence tout à fait humaine.

"Mon camp perd la guerre et nous sommes faits prisonniers. Je suis envoyé dans un camp de travail sur Terre et je dois y rester pour toujours, sans pouvoir retourner sur ma planète d'origine. Les autres prisonniers qui ont combattu à mes côtés prévoient de s'échapper et je suis déchiré entre le fait de les suivre ou d'informer les surveillants. Mon dilemme est que je suis touché par la beauté de la Terre et que je ne veux pas lui nuire. Je décide d'informer les surveillants, même si je risque ma vie en le faisant. La rébellion a quand même lieu et je suis pris. Mais les surveillants croient en mon intention positive et m'envoient en Mésopotamie pour travailler avec les Els, qui étaient les gardiens de la Terre.

"Depuis lors, je cherche à m'allier à des personnes qui tentent d'élever la conscience des humains et de la Terre. Dans ma vie actuelle, je suis très doué avec les ordinateurs, je suis plus grand que la plupart des gens, et pourtant je ne peux pas supporter beaucoup de stress. Je trouve qu'il est extrêmement difficile de travailler dans une entreprise de neuf heures à cinq heures. J'étudie diverses techniques de guérison, en particulier celles qui font appel à des technologies avancées.

Un autre ami, Derek, est athée et le concept de races stellaires hybrides est en fait inacceptable pour lui. Cependant, cela ne change rien au fait que de nombreux problèmes et choix auxquels il est confronté dans sa vie sont typiques des hybrides Anunnaki.

C'est un médecin brillant, très respecté dans son domaine, qui a publié un grand nombre d'articles au sujet de nouveaux traitements médicaux. Pourtant, dans sa vie personnelle, il a complètement raté ses relations intimes. Derek a été marié plusieurs fois à des femmes non fonctionnelles ou délibérément abusives et ayant un contrôle coercitif. Il semble croire qu'il mérite ce genre de punition. Derek repousse les limites dans tout ce qu'il entreprend, qu'il s'agisse de la forme physique, du travail ou des loisirs. Il doit être le meilleur, une des caractéristiques déterminantes des hybrides Anunnaki.

Maurice et Derek semblent avoir des sentiments profonds de culpabilité et de honte qui les entravent émotionnellement. Bien qu'ils soient tous deux de bonnes personnes essayant de faire le bien pour les autres, ils se sentent eux-mêmes indignes. Je pense que Derek aurait du mal à le reconnaître, bien que ses choix de vie dans ses relations intimes en témoignent. Il n'a aucune difficulté à attester de son intelligence intellectuelle et peut se montrer arrogant si les autres ne peuvent pas le suivre mentalement. Les hybrides Anunnaki ne peuvent généralement pas avouer leurs faiblesses ou leurs mauvais choix.

Les deux hommes essaient d'être patients avec ceux qui n'ont pas la même rapidité d'esprit ou qui ne sont pas capables de suivre les sauts de pensée pour passer d'une idée à l'autre. Ils se sont tous deux engagés à développer plus d'amour, de patience, de tolérance et de pardon dans leurs relations - ce qui est admirable et exactement ce qu'un hybride Anunnaki devrait apprendre. Ils doivent également appliquer ces mêmes qualités à eux-mêmes, être indulgents et savoir que beaucoup de gens les aiment et les respectent tels qu'ils sont.

CONSEILS UTILES POUR L'HYBRIDE ANUNNAKI

1. Libérez-vous de toute culpabilité ou honte concernant ce que vous avez pu faire aux autres et à la Terre dans le passé. Utilisez cette énergie pour vous engager à aider maintenant.

2. Soyez patient avec vous-même alors que vous développez l'amour et la compassion. Votre désir de le faire vous conduira naturellement vers des occasions de mettre en pratique ces qualités.

3. La pratique spirituelle et la méditation augmentent votre fréquence et vous aideront à accéder à des sphères plus élevées pour soutenir votre souhait de servir le Plan Divin.

4. Soyez sur vos gardes face à la tentation de servir des objectifs égoïstes.

5. Appréciez et honorez vos forces qui constituent un enseignement pour nous tous.

AUTRES HYBRIDES POSSIBLES

Il existe d'autres hybrides possibles, dont on trouve des indices dans nombre de nos mythes. Il pourrait s'agir par exemple de descendants d'une déesse lionne, comme Sekhmet, la déesse à tête de lionne dotée d'un corps humain que l'on trouve dans l'ancien royaume d'Égypte. On trouve diverses versions de cette déesse lionne en Mésopotamie et dans la civilisation pré-védique de l'Inde ancienne.

D'autres êtres légendaires pourraient également être des hybrides composites. Par exemple, l'image du Griffon a été trouvée à Sumer avant la période de 2000 avant J.-C. Le Griffon a le corps d'un lion et la tête et les ailes d'un grand aigle ou d'un oiseau ressemblant à un faucon. Il pourrait s'agir d'une combinaison hybride de deux espèces, Horus et Sekhmet, qui a peut-être été créée par les Anunnakis, tout comme ils ont créé des cochons en mélangeant des humains et des animaux. Il existe peut-être aussi une hybride licorne, et même une hybride vache, comme Hathor, la déesse égyptienne.

Ces questions sont certainement fascinantes, mais pour l'instant, je suis satisfaite d'avoir introduit le sujet des hybrides et d'avoir décrit les plus courants d'entre eux qui évoluent actuellement sur Terre.

On me demande souvent si un individu peut être cent pour cent humain et n'avoir aucune autre hérédité. Au moment où j'écris ces lignes, je pense que c'est douteux. Ce qui est très possible, c'est qu'un individu ait une origine humaine et qu'une race stellaire se soit greffée sur la souche humaine d'origine. Les races stellaires l'ont fait conformément au plan divin de création d'êtres sur cette Terre. Plus tard, les Anunnakis se sont également impliqués dans le génie génétique.

CONCLUSION :
UN ESPOIR POUR L'AVENIR

Le moment est venu *pour moi de dire mes derniers mots. Nous, les Êtres Élémentaux, souhaitions depuis longtemps que ce livre soit écrit. Dans notre monde, comme vous le savez maintenant, les différents types d'hybrides décrits font partie de notre vie quotidienne. Ce sont des voisins, des enseignants et des habitants de notre monde. Il n'y a pas de séparation. Ce monde est le monde éthérique-astral.*

Jusqu'à présent, peu d'humains - en dehors des Êtres éclairés ou proches de le devenir - ont été conscients de notre monde ... d'une fréquence plus élevée que le monde physique, appelé par la plupart des humains Réalité. Le travail des Êtres Élémentaux dans mon groupe est de créer un pont entre vous, les humains, et notre monde. Nous le faisons en vous parlant davantage de notre monde, car lorsque vous vous ouvrez à de nouvelles possibilités, vous abandonnez votre vieux paradigme du "ce n'est réel que si vous le voyez" et vous étendez les antennes de la pensée dans le monde astral pour que celui-ci puisse s'ancrer ici.

Grâce à cette ancre, nous pouvons vous envoyer de nouvelles idées dans des rêves, des visions, des méditations et des expériences ah ha ! - et vous guider vers des livres et des enseignants qui vous aideront à développer votre conscience dans le monde astral.

Tout se déroule bien, car le pont entre nos deux mondes est devenu de plus en plus solide, ce qui permet à un plus grand nombre de personnes de le traverser. Au cours des prochains milliers d'années, les humains deviendront conscients de notre monde et pourront librement se lier d'amitié et travailler avec les différents types d'êtres qui vivent dans cette dimension astrale. Cela inclut tous les types d'Êtres Élémentaux, ainsi que les anges, les dragons, le Peuple de la Terre intérieure et autres. Lorsque les humains pensent aux hybrides dans leur réalité physique, cela accélère le temps de transition pour que nos dimensions se rencontrent consciemment.

Et maintenant je donne - gentleman que je suis - le TOUT dernier mot à Tanis. Ce fut pour moi un pur plaisir et j'espère que vous, en tant que lecteurs, avez apprécié notre voyage ensemble.

Mon voyage de découverte des hybrides se poursuit. J'espère que vous serez incités à entamer votre propre exploration, car je sens intuitivement que de nombreuses réponses aux questions éternelles qui se posent à nous se trouvent sur ce chemin de recherche.

Il y a de nombreux avantages à découvrir que vous êtes un hybride ou que des personnes que vous connaissez peuvent l'être. De nombreux hybrides m'ont dit ressentir un profond sentiment de justesse à l'idée des hybrides en général, et aussi lorsqu'ils se reconnaissent dans les descriptions faites pour chaque type d'hybride. De nombreux hybrides racontent que la découverte de cette connaissance les a amenés à une profonde transformation personnelle et les a conduits à mettre de côté d'anciennes normes culturelles et sociétales auxquelles ils avaient été contraints de se conformer.

Les hybrides parlent souvent du fait qu'ils sont devenus plus authentiques et qu'ils ont appris à s'accepter et à s'aimer davantage suite à leur découverte. Le fait d'être en accord avec eux-mêmes leur donne une énergie nouvelle et une force accrue. Une femme a même écrit son autobiographie après avoir découvert qu'elle était hybride. Il est important d'être à l'aise avec notre nature hybride car, tant que nous ne sommes pas prêts à nous mettre à nu, nous gaspillons une grande partie de notre précieuse énergie vitale en nous cachant derrière des masques. Nous agissons ainsi pour nous protéger - pour ne pas laisser les autres nous voir pleinement et pour ne pas nous voir nous-mêmes. Ces deux raisons sont causées par la peur. Notre énergie, lorsqu'elle est libérée de la peur, nous permet de manifester pleinement le but de notre âme.

Les informations sur les hybrides peuvent vous aider à mieux comprendre votre conjoint, vos enfants, vos parents, vos amis et vos collègues de travail, parmi lesquels vous pourriez reconnaître des hybrides. Vous apprendrez comment interagir au mieux avec chaque personne dans votre vie, en fonction de sa nature.

Les hybrides racontent aussi qu'ils comprennent maintenant pourquoi ils ont plus de difficultés avec certains types de personnes qu'avec d'autres, et que le type d'hybride qu'ils sont est aux antipodes de la personne avec laquelle ils ont des difficultés.

Si vous découvrez que vous êtes l'un de ces types d'hybrides, vous comprendrez mieux POURQUOI vous êtes comme vous êtes, et vous aurez une idée plus claire du but de votre vie et des dons dont vous disposez pour atteindre ce but. Vous apprendrez également à connaître vos faiblesses et serez en mesure de mieux vous accepter, avec toutes vos imperfections. C'est un immense gaspillage d'énergie que d'éprouver de la culpabilité et de la honte pour quelque chose que vous avez pu faire dans le passé. Le moment d'agir différemment est le présent, maintenant que vous disposez de nouvelles informations et stratégies pour mieux gérer les situations difficiles.

Au-delà de la découverte des avantages d'être un hybride pour nous en tant qu'individus, il y a un avantage de plus grande portée pour toute l'humanité et pour notre planète. Si l'Intelligence cosmique a permis à tant de groupes d'êtres de s'incarner sur Terre et de créer des hybrides avec les humains, c'est qu'il doit y avoir un but. Une ou deux espèces conscientes (autres que les humains) évoluant sur cette planète auraient pu être accidentelles, mais vingt-deux ou plus indiquent un Plan Divin délibéré.

Pour moi, la raison de cet événement est évidente. Tous ces groupes sont nécessaires pour créer la vie sur Terre, sinon l'Intelligence cosmique n'aurait pas donné son accord pour que cela se produise. Cela signifie que tous les hybrides sont nécessaires à l'accomplissement de la destinée collective de l'humanité, qui est d'être la gardienne de la Terre. En prenant conscience de la grande variété de dons qu'apporte chaque type d'hybride, nous pouvons travailler ensemble à la création d'une planète saine et belle dont profiteront toutes les formes de vie qui s'y trouvent.

Je crois que la Terre est une école pour les dieux créateurs et que tous les hybrides ont besoin d'apprendre les uns des autres pour devenir des créateurs à part entière. Une population humaine composée d'une myriade de teintes arc-en-ciel est créée année après année sur cette planète, et vous et moi faisons partie de cette croissance magnifique.

Il suffit de regarder autour de soi. Au cours des dernières décennies, nous avons assisté à la mixité ethnique, culturelle et religieuse chez les humains : les Blancs et les Noirs, les Asiatiques et les Américains, les catholiques et les juifs se marient et se métissent. Cette hybridation des humains fait partie du plan divin (sinon, elle ne se produirait pas) et, d'ici quelques siècles, à mesure que la mondialisation se poursuivra, nous aurons du mal à trouver des personnes qui soient « pures » de quoi que ce soit. Peut-être aurons-nous tous la couleur du miel doré. C'est merveilleux !

Nous sommes au début d'une nouvelle ère de la conscience humaine et chacun d'entre nous participe à ce grand projet cosmique. Chaque jour, nous apprenons de nouveaux faits scientifiques, biologiques, psychologiques et spirituels sur notre Univers Conscient et sur la place que nous y occupons. Nous sommes TOUS nécessaires à l'accomplissement du Plan Divin.

QUESTIONNAIRE :
QUEL TYPE D'HYBRIDE SUIS-JE ?

Ce questionnaire vous aidera à reconnaître le type d'hybride que vous êtes possiblement.

Il s'agit d'une **première étape** dans votre recherche personnelle.

Pour une analyse plus détaillée, vous trouverez de nombreuses réponses à vos questions en lisant sur les **vingt-deux types** décrits dans ce livre. Il se peut que vous reconnaissiez immédiatement certains traits de votre personnalité en lisant les différentes descriptions et, plus particulièrement, les conseils utiles figurant pour chacun des types.

Entourez les questions qui vous semblent vraies.

1. Avez-vous une tendance aux addictions, par exemple aux drogues, à l'alcool, au sexe ?

2. Montrez-vous de l'intérêt pour les histoires de fées et d'elfes depuis votre plus jeune âge ?

3. Souhaitez-vous parfois aller dans un pays magique où règnent la beauté et la fantaisie ?

4. Avez-vous des dons artistiques dans les domaines de la musique, de la peinture, de la danse, de l'artisanat, et autres ?

5. Vous décririez-vous comme étant amoral, androgyne ou ayant une orientation sexuelle ambigüe ?

6. Êtes-vous très sensible aux vibrations des autres ?

7. Vos sens de la vue et de l'ouïe sont-ils excessivement développés ou sensibles ?

8. Vos intérêts sont-ils souvent en avance sur la culture dominante dans des domaines tels que la lumière, les sources d'énergie

alternatives, le fonctionnement du cerveau et/ou les états de conscience supérieurs ?

9. Vous décririez-vous comme un introverti et avez-vous un fort besoin de solitude ?

10. Vous sentez -vous souvent plus proche des animaux ou des livres que des êtres humains ?

11. Avez-vous besoin d'être touché pour être en bonne santé, par exemple par des massages et des câlins ?

12. Ressentez-vous une profonde parenté avec les êtres aquatiques, tels que les dauphins et les baleines ?

13. Est-il important que vous viviez près de l'eau et que vous nagiez ou vous baigniez souvent dans l'eau ?

14. Travaillez-vous dans une profession de guérison, que ce soit sur le plan physique ou psychique ?

15. Le manque d'harmonie dans votre environnement vous perturbe-t-il profondément ?

16. Avez-vous le sentiment profond que vous venez d'un autre système solaire ?

17. Votre relation avec le Divin est-elle primordiale dans votre vie, parfois avant même le couple et les enfants ?

18. Avez-vous parfois l'impression de savoir mieux que les autres ce qui est bon pour eux ?

19. Avez-vous le sentiment d'être ici pour servir les autres, plutôt que pour servir vos objectifs personnels ?

20. Trouvez-vous difficile d'attendre que les autres prennent conscience de ce que vous savez être vrai ?

21. Pensez-vous plus vite que les autres ?

22. Avez-vous une forte capacité mentale qui vous permet de conceptualiser et d'élaborer des stratégies plus rapidement et plus minutieusement que d'autres personnes ?

23. Êtes-vous impatient lorsque les gens ne peuvent pas vous suivre mentalement ?

24. Trouvez-vous difficile de travailler avec d'autres personnes lorsque vous n'êtes pas le chef ? Préférez-vous travailler seul ?

25. Avez-vous des difficultés à vous soumettre à une puissance supérieure (Dieu) ou à des figures d'autorité, à moins qu'elles n'aient prouvé qu'elles méritent votre respect ?

26. Avez-vous des difficultés à dire "non" ?

27. Préférez-vous aider des personnes individuellement plutôt qu'un groupe ?

28. Êtes-vous attiré par le service auprès de personnes en difficulté, plus faibles ou souffrantes ?

29. Avez-vous des exigences élevées pour vous et êtes-vous sévère avec vous-même lorsque vous n'atteignez pas vos objectifs ?

30. Est-ce que vous vous considérez comme un défenseur de ceux qui ne peuvent pas se défendre ?

Résultats :

Le nombre de questions que vous avez entourées peut vous orienter vers la catégorie d'hybride à laquelle vous appartenez. Comptez-les "Oui" dans chaque groupe de CINQ questions, en commençant par les cinq premières.

Si la plupart de vos réponses "oui" sont pour les questions :

- 1 à 5 - vous êtes probablement un hybride Élémental.
- 6 à 10 - vous êtes probablement un cousin humain et avez un héritage du Peuple de la Terre intérieure ou de Géant.
- 11 à 15 - vous êtes probablement un cousin humain et avez un héritage du Peuple de la Mer, de Selkie, de Dauphin ou de Baleine.
- 16 à 20 - vous venez peut-être d'un autre système stellaire.
- 21 à 25 - vous pourriez être un hybride Anunnaki.
- 26 à 30 - vous êtes probablement un hybride Ange.

Si vous avez un nombre égal de "Oui" dans plus d'une catégorie, il peut y avoir plusieurs raisons. Cela peut signifier que vous avez eu plusieurs vies en tant qu'hybride sur Terre. Cela peut aussi venir du fait que vous essayez d'être « tout » pour tout le monde et que vous ne connaissez ou n'honorez pas vraiment votre vrai moi. Ou bien vous choisissez les réponses "agréables" plutôt que celles que vous considérez comme "moins agréables". Enfin, vous êtes peut-être une vieille âme qui a vécu de nombreuses incarnations avec de nombreuses personnalités, de sorte que de nombreux traits de caractère vous correspondent.

Pour une description plus détaillée de chaque type d'hybride, veuillez lire le texte se rapportant à chacun d'entre eux, ainsi que les conseils utiles à la fin de chaque description.

REMERCIEMENTS

J'aimerais exprimer ma reconnaisance aux nombreuses personnes qui ont participé à mes ateliers sur les hybrides et qui m'ont incitée à écrire un livre sur les hybrides. Ce fut une joie de le faire et, bien que je sois citée comme co-autrice de ce livre (ainsi que Lloyd le Leprechaun, bien sûr), je remercie les nombreuses personnes qui ont si généreusement et si courageusement partagé leurs histoires personnelles en tant qu'hybrides. Bien que leurs noms soient anonymes, plusieurs de leurs proches les reconnaîtront grâce à leurs témoignages honnêtes et révélateurs, et je salue leur volonté de se dévoiler. Certains hybrides m'ont écrit des récits très détaillés et je regrette qu'en essayant d'inclure les histoires d'une variété d'individus, j'ai dû les abréger.

Je tiens à remercier les nombreuses personnes qui m'ont apporté leur aide de diverses manières. Il s'agit notamment de Basia Alexander, Jonathan Beals, Gudrun Boziat, Oskar Broziat, Darwyn Boucher, Werner Braun, Terry Brown, Sally Burnley, Patty Callaghan, Alice Charland, Jeanne Crane, Ruth Dees, Merle Dulmadge, Gail Elizabeth England, Shelly Ferec-Legall, Darlene Fletcher, Rod Friend, Ann Harley, Laura Harris, Melinda Ewell, Petra Huber, Jenny Lou Linley, Bob Lyons, Ruth McLulich, Katharina Megnet, Bill Menzo, Margaret Mills, Donna Miniely, Willa Miniely, Connie Phenix, Courtenay Pollack, Elyse Pomeranz, Nanson Serriane, Wanja Twan, Marilyn Ward, Christoph Wasser, Derek Whelan.

Je suis particulièrement reconnaissante à mon partenaire Simon Goede, pour son écoute attentive lorsque je lui ai lu le texte Hybrids à haute voix à plusieurs reprises, ainsi qu'à Monika Bernegg, mon amie et traductrice allemande, qui a retranscrit les enregistrements de mes ateliers afin de fournir une base de départ pour ce livre. En outre, elle a utilisé son œil d'aigle pour me faire remarquer des éléments qui m'avaient échappé dans le manuscrit. Je tiens également à exprimer ma gratitude à Nita Alvarez, qui a effectué la révision professionnelle ainsi qu'à mon assistante Melany Hallam, qui a réalisé une belle mise en page et la couverture finale.

Je voudrais remercier mon agent et ami, le regretté Bob Silverstein, qui a cru en mon travail et m'a encouragée à écrire ce livre. Je sais qu'il l'aurait apprécié.

Enfin, je tiens à exprimer mon immense reconnaissance à Guylène Colpron pour cette merveilleuse traduction, ainsi qu'à Lydie Berthou qui a aussi contribué à celle-ci par ses bons conseils, de même que Marielle Croft pour la relecture finale du manuscrit.

BIBLIOGRAPHIE

Lecture générale sur tous les hybrides

Tanis Helliwell, *Decoding Your Destiny: Keys to Humanity's Spiritual Transformation,* Wayshower Enterprises, Vancouver, 2012

De nombreux ouvrages sur les mythes et les religions de diverses cultures et sur l'astronomie ont été utilisés au cours de mes recherches mais, comme toujours, je m'appuie fortement sur ma vision intérieure. Comme ce sujet est présent dans mon esprit depuis de nombreuses années, je ne peux me souvenir de toutes les émissions de télévision et de radio, ni des références sur des sites Internet qui ont pu éclairer ma réflexion. Je vous propose cette liste de livres sur les différents hybrides comme point de départ. Ils sont classés par ordre alphabétique des hybrides.

Ange

William Bloom, *Devas, Fairies and Angels: A Modern Approach,* Gothic Image Pub., Glastonbury, 1986

Sophie Burnham, *Le livre des anges,* Éditions Marabout, 1994

Geoffrey Hodgson, *Kingdom of the Gods,* Theosophical Publishing House, Wheaton

Doreen Virtue, *Messages from your Angels* Angels et de nombreux autres livres sur les anges, Hay House, California

Peter Lambourne Wilson, *Angels,* Pantheon Books, New York, 1980

Anunnaki

Gerald Clark, *The Anunnaki of Niburu: Mankind's Forgotten Creators, Enslavers, Saviors, and Hidden Architects of the New World Order,* Createspace, 2013

Zecharia Sitchin, *La 12e planète,* Éditions Macro, 2017

Michael Tellinger, *Slave Species of the Gods: The Secret History of the Anunnaki and their Mission on Earth,* Bear and Company, 2012

Centaure

http://www.thecentaurway.com

John Updike, *The Centaur,* Random House, 1996

Dauphin et Baleine

Ken Grimwood, *Into the Deep,* William Morrow & Co., New York, 1995

Alexander Jablokov, *A Deeper Sea,* Avon Books, New York, 1992

Sy Montgomery, *Journey of the Pink Dolphins: An Amazon Quest,* Chelsea Green Pub., 2009

Scott Taylor, *Souls of the Sea: Dolphins, Whales, and Human Destiny,* Frog Books, 2003

Dragon

R. A. MacAvoy, *Tea with the Black Dragon,* Bantam Books, New York, 1983

Old Forge, *Dragons,* 1998

Tanis Helliwell, *Le Retour des Dragons -A la rencontre de ce peuple,* Éditions Ariane, 2024

(Il existe de nombreux livres merveilleux sur les dragons pour les enfants, mais ceux destinés aux adultes sont rares).

El

Kings James version of *The Bible*, Collins, New York, 1953

N.K. Sanders, *Poems of Heaven and Hell from Ancient Mesopotamia*, Penguin, London, 1971

Robert Temple, *The Sirius Mystery*, Destiny Books, Rochester, 1998

Êtres Élémentaux

Nancy Arrowsmith, *Guide de terrain du petit peuple*, Éditions Danaé, Londres, 2019.

Lady Gregory, *Visions and Beliefs in the West of Ireland*, Gerrards Cross, Smythe, 1970

Tanis Helliwell, *Un été avec les Leprechauns: une histoire vraie*, Éditions Co-créatives, 2009.

Tanis Helliwell, *Pèlerinage avec les Leprechauns*, Wayshower Enterprises, 2020

Tanis Helliwell, *The Leprechaun's Story*, Wayshower Enterprises, 2023

Dorothy MacLean, *La voix des Dévas - l'essence consciente des végétaux*. Éditions Ariane, 2016

Diarmuid MacManus, *Irish Earth Folk*, The Devin-Adair Company, New York, 1959

Hugh McGowan, *Leprechauns, Legends and Irish Tales*, Victor Gollancz Ltd, Londres, 1988.

Marco Pogacnik, *Nature Spirits & Elemental Beings*, Findhorn Press, Forres, Écosse, 1977.

Carol Rose, *Spirits, Leprechauns, and Goblins, An Encyclopaedia*, W.W. Norton, 1996.

Machelle Small Wright, *Behaving as if the God in all Life Mattered*, Perelandra, Warrenton, VA, 1987.

Dora Van Gelder, *The Real World of Fairies*, Quest Books, Wheaton, Ill. 1994

W. B. Yeats, *Irish Fairy and Folk Tales*, Modern Library, New York, 1893

Horus

J. J. Hurtak, *Le livre de la connaissance : Les clés d'Hénoch*. The Academy for Future Science, 2005

Elisabeth Haich, *Initiation*, Éditions Ambre 2020

Êtres de la Terre intérieure

John Uri Lloyd, *Etidorhpa*, Pocket Books, New York, 1978.

Mariana Stjerna, *Agartha, Le Monde Intérieur de la Terre*, Soullink Publisher, 2020

Pan

Michael Roads, *Dialogue avec la Nature et Au Coeur de la Nature*, La Maison au Sud, 2020

Michael Roads, *Avec les yeux de l'amour, Tome 1 : Un voyage en compagnie de Pan*. Éditions Ariane, 2010

Peuple de la Mer

Kit Whitfield, *In Great Waters*, Ballantine Books, New York, 2009

Skye Alexander, *Mermaids: The Myths, Legends, and Lore*, Adams Media, New York, 2012

Selkie

David Thomson, *The People of the Sea*, Counterpoint, 2000

À PROPOS DE L'AUTEURE

Tanis Helliwell, M.Ed., est la fondatrice de The International Institute for Transformation, Institut spécialisé dans la transformation spirituelle. Depuis janvier 2000, l'IIT propose des programmes destinés à aider les individus à devenir des créateurs conscients afin de travailler avec les lois spirituelles qui régissent notre monde. Tanis, mystique dans le monde moderne, enseigne les grands thèmes de spiritualité depuis plus de trente ans.

Elle est l'auteure des ouvrages suivants : *Un été avec les Leprechauns, Pèlerinage avec les Leprechauns, Decoding Your Destiny, Manifest Your Soul's Purpose, Embraced by Love, Take Your Soul to Work, The High Beings of Hawaii, Conversations avec l'esprit du corps humain, The Leprechaun's Story* et *Le Retour des Dragons*.

Tanis étudie et enseigne les mystères de la vie intérieure et vit sur la côte au nord de Vancouver (Canada). Depuis son enfance, elle voit et entend des Êtres Élémentaux, des Anges et des Maîtres enseignants dans les dimensions supérieures. Tanis a exercé la psychothérapie pendant trente ans, aidant les individus dans leur transformation spirituelle. Pour guérir la Terre et favoriser la transformation individuelle, elle a dirigé des visites et des pèlerinages à pied dans des sites sacrés du monde entier pendant plus de vingt ans.

Tanis Helliwell est une conférencière recherchée dont la perspicacité s'applique à diverses disciplines spirituelles. Elle a présenté des conférences avec Rupert Sheldrake, Matthew Fox, Barbara Marx Hubbard, Gregg Braden, Fritjof Capra et Jean Houston. Elle a notamment participé aux événements suivants : *The Science and Consciousness Conference* à Albuquerque, The World Future Society à Washington et aux conférences

Spirit and Business à Boston, Toronto, Vancouver et Mexico. Elle a également pris la parole dans les centres de Findhorn, Hollyhock, A.R.E. Edgar Cayce et Alice Bailey.

Tanis travaille beaucoup en Europe et collabore avec des psychiatres, des médecins et d'autres guérisseurs pour nettoyer les corps éthérique et astral en développant une conscience saine.

POUR JOINDRE TANIS :

Merci d'avoir lu mon livre. Si vous l'avez apprécié, prenez le temps de me laisser un commentaire chez votre libraire préféré.

Merci beaucoup !

Tanis Helliwell

Pour écrire à l'auteure veuillez contacter

tanis@tanishelliwell.com

www.tanishelliwell.com/

www.ingramcontent.com/pod-product-compliance
Lightning Source LLC
Chambersburg PA
CBHW071326120626
46546CB00002B/460